I0039582

Couverture inférieure manquante.

Début d'une série de documents
en couleur

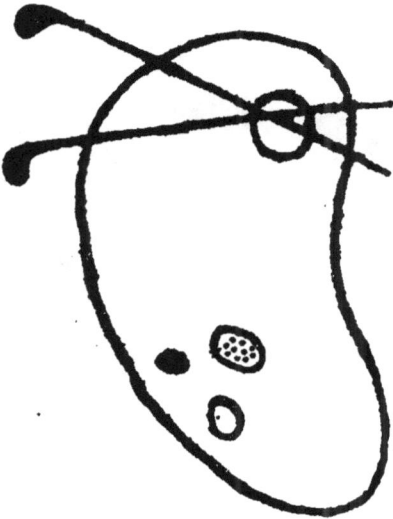

Paradoxes
Psychologiques

par

Max-Nordau.

DÉPÔT LÉGAL

№ 416

1896

107

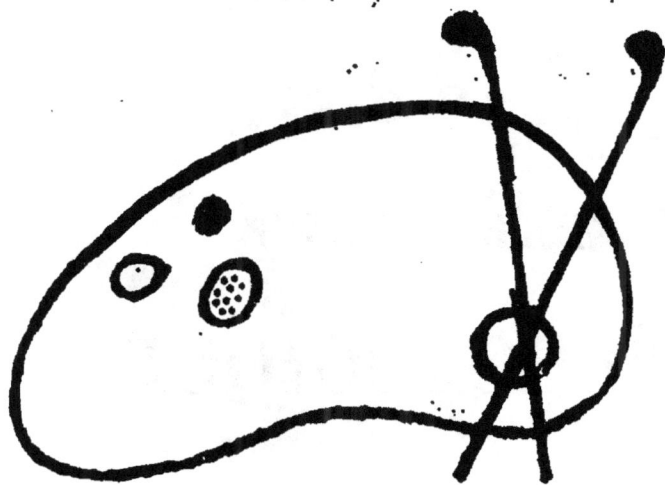

Fin d'une série de documents
en couleur

PARADOXES

PSYCHOLOGIQUES

8°R
13 49

A LA MÊME LIBRAIRIE

AUTRE OUVRAGE DE M. NORDAU

Dégénérescence, 2 vol. in-8°, traduit de l'allemand par Aug. Dietrich, 3ᵉ édit. (*Bibliothèque de Philosophie contemporaine*) . . . . **17 fr. 50**

AUTRES TRADUCTIONS DE M. AUG. DIETRICH

La Psychologie du beau et de l'art, par Mario Pilo. 1 vol. in-12 de la *Bibliothèque de Philosophie contemporaine*, traduit de l'italien . . . . **2 fr. 50**

La Superstition socialiste, par R. Garofalo. 1 vol. in-8° de la *Bibliothèque de Philosophie contemporaine*, 1895, traduit de l'italien . . . . **5 fr. »**

A PARAITRE :

Max Nordau. **Paradoxes sociologiques**, traduction Aug. Dietrich.

ÉVREUX, IMPRIMERIE DE CHARLES HÉRISSEY

PARADOXES
PSYCHOLOGIQUES

PAR

MAX NORDAU

TRADUIT DE L'ALLEMAND

PAR

AUGUSTE DIETRICH

PARIS

ANCIENNE LIBRAIRIE GERMER BAILLIÈRE ET Cie

FÉLIX ALCAN, ÉDITEUR

108, BOULEVARD SAINT-GERMAIN, 108

1896

Tous droits réservés

AVANT-PROPOS DU TRADUCTEUR

Pourquoi ce titre de *Paradoxes* donné par l'auteur de *Dégénérescence* aux essais de psychologie qui composent ce volume, comme aux essais qui suivront sous le titre de *Paradoxes sociologiques?* C'est que, dans les uns aussi bien que dans les autres, le penseur aborde les problèmes en pleine indépendance d'esprit, sans se laisser intimider par les décrets de l'École et sans se préoccuper des opinions traditionnelles. Ces « paradoxes » sont donc moins des opinions contraires à l'opinion commune, que des opinions raisonnées et qui peuvent, en conséquence, différer de celles du grand nombre, tout en se rapprochant plus que celles-ci de la vérité. M. Nordau aime mieux, avec Jean-Jacques Rousseau, « être

homme à paradoxe qu'homme à préjugés ».
Comme il l'a dit lui-même, des affirmations
qui passent pour être incontestables parce
qu'on ne les a jamais mises en question,
n'en doivent pas moins présenter, quand on
les exige, leurs papiers de légitimation, — et
souvent alors on constate que ceux-ci n'ont
aucune valeur. Des lieux communs accrédités
de temps immémorial peuvent être mis en
demeure de faire la preuve de leur bien-fondé
et de leur raison d'être, et, s'ils n'y parviennent pas, rien, ni plus ou moins longue possession d'état, ni situation plus ou moins
brillante, ne doit les protéger contre la condamnation méritée. Ces divers essais, qui
traitent des questions les plus importantes
susceptibles de s'offrir aux méditations de tout
homme aimant à penser et au regard duquel
la vérité est plus chère que même le maître
Platon, sont destinés à démontrer que les
choses paraissant les plus évidentes laissent
néanmoins encore ouvertes beaucoup de questions et apprêtent de sérieuses difficultés, de
manière à être l'objet des vues et des explications les plus opposées, qui toutes semblent

également probantes, et qui toutes, vraisemblablement, sont également fausses. En mettant ainsi en garde les esprits contre des
généralisations trop hâtives, contre l'accepta-
tion sans garant sérieux du fait acquis, en
leur enseignant, d'une façon génér̀ale, à atta-
cher plus d'importance à la recherche de la
vérité qu'à la découverte même de celle-ci,
M. Nordau rend service à la psychologie et à
la sociologie, comme il a rendu récemment
service à la morale et à l'esthétique, en
soumettant au crible de sa critique peut-être
sévère mais absolument désintéressée et sincère, dans *Dégénérescence*, certaines tendances
et manifestations intellectuelles de notre
époque, de notre « fin de siècle », qui menacent de compromettre pour longtemps, si
une réaction rapide ne se produit pas, le bon
renom des lettres et des arts dans la vieille
Europe civilisée.

A. D.

Paris, novembre 1895.

PARADOXES PSYCHOLOGIQUES

I

MATIÈRE DE LA LITTÉRATURE DE FICTION

Quel est le rapport réciproque entre la vie et les lettres ? La littérature de fiction découle-t-elle de l'observation de la réalité ? Celle-ci ne s'efforce-t-elle pas plutôt de se conformer à la fiction et de lui ressembler ? Laquelle est modèle ? Laquelle imitation ? Le roman et le théâtre vont-ils chercher leurs figures aux carrefours ? La foule se forme-t-elle d'après les figures du roman et du théâtre ? Pour moi, la réponse à ces questions n'est pas douteuse. L'action de la littérature de fiction sur la vie est incomparablement plus grande que l'action inverse. D'abord le poète s'affranchit souvent complètement des faits et applique exclusivement son attention au jeu capricieux de son imagination. Et même quand il puise ses inspirations dans la réalité, il ne s'en tient pas aux vérités et aux faits moyens que l'observateur consciencieux déduirait du cours ordinaire de la vie des masses, mais il choisit quelque cas exceptionnel que le hasard lui a mis sous les yeux ou qui, pour des raisons organiques personnelles, a produit sur lui de l'impression; et ce cas exceptionnel même, il ne le reproduit pas non plus fidèlement, mais le transforme selon son individualité propre. C'est là tout le plan de contact entre la vie et la fiction. Il est aussi étroit que le fil d'un couteau. Une goutte d'écume lancée par un coup de vent capricieux, et chatoyante en couleurs étranges, représente dans la fiction le large et profond océan de la vie. S'il peut encore être question là d'une action de la vie sur la fiction, cette action n'est pas plus grande que celle de la réalité sur les rêves, qui, en partie aussi, sont produits par de très faibles impressions des sens, mais transforment démesurément et arbitrairement celles-ci en représentations des plus irréelles. L'action de la fiction sur la vie est au contraire énorme. Elle exerce une puissante et incessante suggestion, qui se soumet toute la personnalité intellectuelle, toute la manière de penser et d'agir du lecteur.

Qu'on se représente seulement les conditions d'existence de la foule moyenne. L'individu passe sa vie dans les conditions les plus étroites. Il ne connaît pas beaucoup de monde en dehors de son cercle de famille, et n'a pour ainsi dire jamais occasion de jeter un regard dans l'intérieur d'une âme étrangère. Il ne sait rien par sa propre expérience des grandes passions et des sentiments, des troubles ni des déchirements de l'humanité, et soupçonnerait difficilement, réduit à ses expériences personnelles, qu'en dehors de la cuisine et de la boutique, et tout au plus encore de l'église, du marché et de l'hôtel de ville, il y a encore un monde. Mais il lit des livres de fiction, va au théâtre, et voit alors des figures qui n'ont jamais existé dans sa réalité à lui : princes de contes de fées et grandes dames avec des étoiles dans les cheveux, aventuriers et scélérats, hommes radieux d'une bonté angélique et méchants intrigants ; il observe des situations étranges dans lesquelles il ne s'est jamais trouvé, et apprend comment, dans ces situations, pensent, sentent et agissent les créatures de la fantaisie du poète. D'après toutes les lois de la psychologie, il est inévitable que l'individu qui ne peut réduire ou rectifier par ses propres observations les affirmations du poète se présentant sous la forme de récits positifs, croie à lui sans défiance, puise dans ses œuvres ses notions de la vie, prenne ses personnages pour modèles, s'assimile ses jugements, ses sympathies et ses aversions. Comme toute suggestion, celle exercée par le roman et le

théâtre impressionne l'individu intellectuellement
moins développé ou moins sain, plus que l'individu
d'élite, original, et complètement équilibré : donc,
en première ligne, les natures banales, ensuite la
jeunesse, la femme, les hystériques et les débiles
d'esprit ou de nerfs. Je suis à même d'observer
cela directement depuis des années.

La Parisienne est complètement l'œuvre des jour-
nalistes et romanciers français. Ils font d'elle, à la
lettre, ce qu'ils veulent, physiquement et intellectuellement. Elle parle, elle pense, elle sent, elle
agit, elle s'habille même, prend des attitudes,
marche et se tient debout, comme ses écrivains à
la mode le lui imposent. Elle est entre leurs mains
une poupée à ressort et obéit docilement à toutes
leurs suggestions. Un être au goût affreusement
blasé décrit dans un journal ou dans un livre son
idéal de la femme, tel qu'il a pu le couver dans l'atmosphère corrompue de sa fantaisie de dégénéré :
elle trotte menu, elle parle en fausset comme un
enfant, ses yeux sont largement ouverts, son petit
doigt, écarté des autres, point dans l'air pendant
qu'elle mange, etc. Aussitôt toutes les lectrices se
hâtent de réaliser cet idéal, et l'on ne voit plus
que des petits êtres qui sautillent à tout petits
pas, pépient en notes élevées, relèvent les sourcils
jusqu'au milieu du front, tiennent leur petit doigt

convulsivement écarté du reste de la main, et, par l'affectation de leurs allures enfantines, se rendent absolument insupportables à tout goût sain. Et ce n'est pas même là une afféterie consciente et voulue, mais une habitude automatique, devenue une seconde nature.

Un autre satyre de la plume, dont les sens émoussés sont émoustillés par d'autres représentations que celle d'un être féminin à l'âge infantile, s'excite voluptueusement par la description des petites frisettes qui s'enroulent sur la nuque de certaines femmes ; il en parle dans ces termes lascivement caressants qui caractérisent les états d'excitation sensuelle, et s'attarde sur eux, dans des mots raffinés aussi impudiques que certains regards et certains attouchements. Immédiatement les lectrices se peignent de façon à faire descendre les cheveux de l'occiput, les dressent en touffes dures, les tournent en tire-bouchons raides, et se promènent avec une collerette pendante dans le dos, qui leur donne une ressemblance frappante avec un condor ou un vautour, — tout cela uniquement pour ressembler à la femme que l'écrivain leur a dépeinte comme propre à exciter érotiquement un homme (oui, un homme fermentant en plein dans le vice, mais c'est ce qu'il ne leur dit pas).

Il n'en est pas autrement chez nous autres Alle-

mands. Comment les figures féminines de Clauren
jadis, comment aujourd'hui les « Goldelse » de Mar-
litt et les « Geierwally » de Hillern ont formé sur
leur modèle des générations entières de jeunes
filles et de femmes allemandes, c'est ce que savent
tous ceux que la présence de la femme ne met pas
aussitôt hors d'eux-mêmes, au point de paralyser
leur jugement et de les faire tomber en adoration.
Heureusement, les créateurs des Goldelse et des
Geierwally ne sont pas de sales empoisonneurs du
peuple, et les figures qu'ils présentent comme
modèles à leurs lectrices sont, quoique contraires
à la vérité, à la nature et au bon goût, du moins
tolérables sous le rapport de la morale.

L'homme est moins soumis que la femme à la suggestion du roman et du théâtre, avant tout parce
qu'il lit moins de livres de fiction que celle-ci ; mais
il ne lui échappe pas non plus. Quand parurent les
Souffrances du jeune Werther, l'Allemagne four-
milla bientôt de Werthers qui n'affectaient pas
seulement de penser et de sentir comme leur
modèle, mais le faisaient sincèrement et attes-
tèrent en maints cas leur sérieux par le suicide,
limite fatale que le simple cabotinage aurait difficilement atteinte. En France, la victime de l'amour
et du destin, Antony, a suscité toute une race
d'Antonys, et Byron est responsable de ce que,

vers 1830, le monde civilisé entier pullula d'ado-
lescents démoniaques aux joues pâles, aux longs
cheveux, au col de chemise largement rabattu, au
front ravagé et au regard sinistrement ténébreux.
Ainsi les poètes et les conteurs s'établissent, comme
le Jacob biblique, en face de l'abreuvoir intellectuel, et y plongent, suivant leur gré, leurs « verges
de peuplier, de coudrier et de châtaignier »,
dans lesquelles ils ont « tracé des raies blanches »,
et produisent des générations « marquetées,
picotées et tachetées ».

Ce ne serait pas autrement un malheur, si la littérature de fiction présentait à la foule des modèles
sains et vrais. Mais elle ne le fait pas. A part de si
faibles exceptions qu'on doit les négliger, la littérature poétique ne renferme qu'impossibilités, invrai-
semblances et anomalies. Les cas qu'elle décrit sont
des cas exceptionnels, qui ne se sont jamais présentés ou ne se sont présentés que très rarement ;
les êtres humains qu'elle dessine n'appartiennent
qu'à une infime minorité, en admettant qu'on
puisse se les imaginer en chair et en sang ; les idées,
les sentiments, les actions qu'elle représente, sont,
dans un sens ou dans l'autre, maladivement exagérés, et très différents de ceux des hommes moyens
typiques, en possession de l'équilibre intellectuel
et moral. La littérature de fiction est un mons-

trueux recueil de cas pathologiques, dont quelques-
uns sont au moins consciencieusement observés,
tandis que la plupart sont imaginés avec une fantaisie cruelle ou ignare; un registre sans fin de
tous les troubles qui peuvent affliger l'homme,
depuis le plus léger obscurcissement du jugement
par une passion déraisonnable, jusqu'à la plus
monstrueuse dégénérescence morale.

. Déjà le journal a ce caractère de l'exceptionnel
et du maladif. Les nouvelles dont il entretient ses
lecteurs concernent le meurtre et l'assassinat, les
incendies, les accidents de chemins de fer, les
inondations, les tremblements de terre, tous événements que, dans les pays civilisés, un homme
à peine sur cent a, durant sa vie entière, pu voir
de ses propres yeux. Et cela n'est que naturel. La
vie normale, d'après les idées courantes, ne semble
rien renfermer qui mérite d'être raconté. Que
M. Joseph Prudhomme ait bien dormi, bu le
matin son café au lait, donné ensuite ses leçons
de calligraphie et dîné de bon appétit, aujourd'hui
comme hier, cela n'offre pas lieu à une nouvelle
du jour. On n'enregistre que ce qui s'écarte de la
règle, et c'est précisément l'exception, le maladif.
Aussi, si un sage Thébain ignorant l'institution du
journal paraissait parmi nous et prenait une feuille,
il demanderait sûrement à son hôte : « O noble

hôte, le monde et l'humanité sont-ils devenus si méchants, qu'il ne se passe plus que des crimes ? Les dieux sont-ils irrités contre les habitants de la terre, qu'ils leur envoient toute sorte de malheurs? Tous les peuples brûlent-ils du désir de porter la guerre les uns chez les autres? ». Seuls les bulletins des halles et marchés et quelques annonces tranquilliseraient jusqu'à un certain point son cœur oppressé, en lui montrant qu'à côté des horreurs et des alarmes, il y a encore une vie quotidienne paisible et régulière.

Dans leur forme plus élevée, le roman et le théâtre ont néanmoins la même tendance que le journal. Ils s'occupent uniquement de l'exception et du maladif. La pacotille littéraire raconte des faits grossièrement matériels de caractère inaccoutumé, c'est-à-dire des aventures, des accidents et des crimes inouïs ; la littérature à plus hautes prétentions décrit des êtres et des états d'âme exceptionnels. Au lecteur de culture inférieure, les écrivains qui travaillent pour ce public servent les histoires sanglantes et spectrales des romans de colportage, — au meilleur cas, des voyages de découvertes, des aventures étranges parmi les brigands et les pirates, dans des guerres et des naufrages ; au lecteur de culture plus élevée, on offre des passions et des conflits intérieurs que l'on n'a pas non plus coutume de rencontrer sous le pas d'un cheval ; mais toujours c'est quelque chose s'écartant des destinées humaines ordinaires, qui fait l'objet de l'œuvre de fiction. Sans doute, il y a ici encore cette différence, que les écrivains ayant la vocation ne s'éloignent de la vérité qu'en ce qu'ils l'exagèrent ou partent simplement de prémisses arbitraires, mais en tirant de celles-ci des conclusions justes ; tandis que les médiocres et les imitateurs, dans leur tentative pour représenter la réalité, n'appuient pas seulement trop sur les lignes et chargent trop les couleurs, mais dessinent incorrectement et peignent en bousilleurs. Jamais, toutefois, l'écrivain n'est à même de dire à la majorité de ses lecteurs, au lieu de le dire à un seul d'entre eux péniblement choisi, découvert à l'aide de la lanterne de Diogène, le profond « Tat twam asi » (Ceci c'est toi !) du sage hindou.

Combien y a-t-il de livres qui, en face de l'homme sain normalement développé, sont en droit de répéter avec le vieux Romain : « De te fabula narratur » (Cette fable est ton histoire) ? Cherchons ensemble. Chaque Germain, peut-être chaque homme parvenu à un degré élevé de culture, a en lui quelque chose de Faust, la soif de la vérité et de la connaissance, le sentiment d'horreur des limitations de sa nature ; mais combien

de nous ressentent cette soif d'une façon assez tor-
turante, pour vouloir l'apaiser par l'absorption du
contenu de la « coupe cristalline et pure » ? La plupart des jeunes filles éprouveront, à une certaine
période de leur vie, les mêmes sentiments que
Juliette ; mais c'est le petit nombre d'entre elles
qui poussent l'excentricité de leur amour envers
Roméo assez loin pour aller trouver le vieil ermite
et se coucher dans le caveau. Des hommes jaloux,
cela ne manque pas, et il y en a beaucoup, mal-
heureusement, qui ont plus de motifs de tourment
et de soupçon qu'Othello ; mais ils n'étranglent
pourtant pas leur Desdémone, même s'ils appartiennent à la minorité presque imperceptible des
généraux et des gouverneurs. Pour ma part, je
n'ai connu qu'un seul homme en chair et en os qui
ait tenté de réaliser la suggestion de Shakespeare.
Mais toute l'histoire est déplorablement gâtée par
le fait que l'Othello, garçon de magasin chez un
marchand de café en gros, se donna au préalable
du courage en buvant de l'eau-de-vie, et, qu'une
fois arrêté, après n'avoir d'ailleurs réussi qu'à moitié son crime, il ne voulut plus se souvenir de rien.
Et les œuvres citées jusqu'ici comme exemples sont
parmi les plus vraies et les plus humaines de la
littérature universelle. Que sera-ce, si nous des-
cendons aux degrés moins élevés de celle-ci ?

Les joyeux *Trois Mousquetaires* n'ont jamais
vécu, et, surtout, ne pourraient dans notre monde
actuel mener une semaine leur existence faite d'a-
mour irrégulier, de jeu et de rixes, sans avoir aux
talons tous les gendarmes du pays. Sur des millions
de lecteurs, il n'en est pas un seul qui soit exposé à
la possibilité de devenir un Robinson Crusoe, et le
bon Vendredi a incontestablement moins de signification pour nous tous qu'Hécube pour les comé-
diens (dans *Hamlet*). N'y a-t-il donc pas de création poétique qui soit tout entière réelle, tout
entière universellement humaine ? Je réponds de
bonne foi : je n'en vois pas. Même *Hermann et
Dorothée*, ce tableau sincère et simple de la vie
bourgeoise allemande des petites villes, n'est pas
réel, en ce sens qu'il part de suppositions qui se
réalisent une fois dans des siècles. On voit en effet
bien rarement les habitants de communes entières
quitter leur patrie et errer à l'aventure, et par
conséquent Hermann ne trouve pas l'occasion
de rencontrer, comme au temps des patriarches,
Dorothée à la fontaine, et d'introduire la vierge
dans la maison paternelle. Tous ces êtres qui se
démènent dans le roman et sur la scène sont des
gens venus de la lune, des phénomènes de foires
avec une corne sur le front, des femmes à barbe,
des magiciens, des géants et des nains ; ils traînent

derrière eux une curieuse destinée qui mérite
d'être montrée pour deux sous aux badauds ; ils
ont un secret précieux cousu dans la doublure de
leur vêtement, ils sont à l'intérieur plus profonds
de plusieurs mètres qu'à l'extérieur ; l'humanité
paisible ordinaire qui n'est ni particulièrement
bonne ni particulièrement méchante, qui se nour-
rit honnêtement et meurt en laissant son testa-
ment, si elle a quelque chose à léguer, et dont le
soleil éclaire sur la vaste terre le fourmillement
joyeux, ce n'est pas cette humanité-là que la littérature reflète.

J'espère que personne ne m'objectera le « naturalisme » que quelques littérateurs de nos jours ont
donné comme étant leur découverte toute neuve.
Je sais bien que celui-ci se vante de ne décrire
que la vérité nue de la vie et de travailler d'après
des « documents humains », c'est-à-dire d'après
des faits observés. Mais c'est là un grossier char-
latanisme, une pure duperie. Les écrivains qui
spéculent sur le naturalisme font exactement ce
que j'ai vu faire à un photographe de bas étage
dans une petite ville de Hesse. Celui-ci possédait
une vaste collection de vieux portraits-cartes qu'il
avait achetés à vil prix dans une vente aux
enchères à Francfort. Chaque fois qu'une personnalité quelconque était poussée par les événements

au premier plan de l'intérêt du jour, il cherchait dans son immense tas une tête répondant à l'idée qu'il se faisait de la nouvelle célébrité à la mode, et la mettait en vente comme portrait de la célébrité en question. C'est ainsi qu'il vendit en 1878 un Disraeli au nez en concombre fortement alcoolisé, et quatre ans plus tard un Gambetta avec une vénérable barbe de prophète et une espèce de kalpack fourré sur la tête. Il ne dut renoncer à son métier qu'après avoir exposé, sous le nom de Garfield, la photographie d'un homme qui lui était inconnu, mais dans laquelle toute la contrée reconnut feu l'inspecteur des impôts.

Les écrivains naturalistes ont hérité de la vieille méthode de leurs prédécesseurs des derniers trois mille ans; mais parce qu'hier la tendance de l'époque était sérieuse, scientifique, cogitative, parce que le public prétendait et peut-être même croyait n'avoir plus d'intérêt que pour les faits observés et les expériences scientifiques, ils donnaient à leur méthode des noms à la mode comme ceux de naturalisme, de roman expérimental, de document humain, etc. Un roman d'Emile Zola est exactement comme un roman d'Eugène Sue ou comme un roman de l'abbé Prévost ou de Scarron : une histoire librement inventée, qui s'est déroulée dans l'imagination de l'auteur, et nulle part ailleurs.

Si un écrivain se vautre avec prédilection dans la boue, tandis qu'un autre préfère les endroits propres ; si l'un dépeint volontiers des ivrognes, des prostituées et des idiots, l'autre des citoyens exemplairement riches, distingués et recommandables, c'est là une particularité personnelle, mais cela ne change rien à la méthode. Le « naturalisme » est pour cela aussi peu la nature, la vie réelle, que le sont l'idéalisme ou le conventionnalisme, car chaque statistique nous enseigne que même dans la grande ville la plus corrompue il n'y a pas plus d'une Nana sur cent habitants, plus d'un Assommoir sur cinquante appartements bourgeois, que le cas de Nana ou de l'Assommoir est pour l'immense majorité des gens un cas exceptionnel inconnu et par conséquent sans signification, et que Nana et l'Assommoir, même s'ils existent en fait, même s'ils sont décrits sans exagération et sans arrangement arbitraire (ce que l'on ne peut d'ailleurs accorder), peuvent tout au plus avoir la valeur d'un curieux numéro dans un musée pathologique, mais non celle d'un « document humain » d'une portée universelle.

Mais pourquoi la littérature de fiction — la littérature naturaliste tout comme l'autre — s'occupe-t-elle exclusivement des phénomènes exceptionnels et morbides ?

La première raison, indiquée plus haut, est due au lecteur lui-même. Le public ne veut pas retrouver dans le livre les choses qu'il connaît déjà. Il cherche des sensations, et celles-ci ne se produisent qu'au passage d'un état de conscience existant à un nouvel état, à la cessation d'une impression et à la naissance d'une autre, différente. Les conditions où nous vivons habituellement sont si familières à nos sens et à notre conscience, que nous ne les percevons même plus, de même que nous ne sentons pas la pression atmosphérique à laquelle nous sommes constamment soumis. Pour exciter le public, l'écrivain doit donc lui montrer d'autres situations et d'autres êtres inconnus, et il ne peut naturellement les trouver qu'en dehors de l'ordinaire, en dehors de la majorité et de sa norme.

La seconde raison n'est plus dans le lecteur, mais dans l'auteur. Aujourd'hui et à peu près depuis un siècle déjà, le romancier comme le poète dramatique est ou le fils ou du moins l'habitant à perpétuité d'une grande ville, et subit l'influence de l'atmosphère intellectuelle et morale de celle-ci. Il vit parmi des êtres surexcités, et, dans beaucoup de cas, morbidement dégénérés. Il ne faut pas oublier que l'habitant des grandes villes représente un type de l'humanité destiné à périr.

Chaque famille des grandes villes s'éteint à la troisième, au plus tard à la quatrième génération, si de nouveaux membres venus de la campagne ne renouvellent pas son sang et ne lui apportent pas une force vitale fraîche. Principalement les troubles nerveux sont fréquents dans cette cohue. D'innombrables individus habitent là ce pays-frontière entre la raison saine et la folie, qui, depuis un certain temps, attire si puissamment l'attention des médecins aliénistes et des psychologues. Ils ne sont pas encore véritablement fous, mais ne sont plus complètement normaux. Leurs centres cérébraux ne travaillent plus comme ils le doivent. L'un est affaibli et dégénéré, l'autre hyperexcitable et innaturellement prépondérant. Ils sentent, pensent et agissent autrement que les êtres sains et forts. De légers contacts déchaînent en eux des tempêtes; leurs sentiments deviennent des passions sur lesquelles le jugement n'a aucun pouvoir; ils sont émotionnels et impulsifs, exagérés dans la haine et dans l'amour, pleins d'étrangetés dans leurs vues, incohérents dans ce qu'ils font et dans ce qu'ils ne font pas. Ce sont là les êtres que les écrivains des grandes villes voient constamment devant eux, qu'ils observent, dont eux-mêmes font presque tous partie. Il est clair que la juxtaposition de semblables natures

enfante des problèmes qui ne pourraient jamais .
se poser parmi des hommes normaux. Les rapports
d'attraction et de répulsion, les conflits intérieurs
et extérieurs, les complications et les catastrophes
sont tout autres que chez les gens sains, dans l'existence desquels les rayons du soleil et le babillage
du ruisseau de la prairie, l'ombre des forêts de la
montagne et les vents libres de la plaine, bref, la
vie et les faits de la nature, jouent le rôle d'un
régulateur constamment en action.

L'écrivain des grandes villes, dans son entourage
d'êtres extrêmes, supra-sensibles ou obtus, nerveux ou hystériques, sentimentaux ou pervers, qui
sont des demi-génies et des demi-idiots et oscillent
toute leur vie entre les mains de l'aliéniste et celles
du juge criminel étendues vers eux, cet écrivain
perd la compréhension de la vérité humaine, et finalement ne sait plus comment le monde se reflète
dans un œil non embrouillé et dans un cerveau ni
surexcité ni dégénéré. Alors on écrit ces romans
d'Émile Zola sur la folie héréditaire, alors on écrit
Les Revenants d'Ibsen, et toutes ces histoires déli-
rantes d'amour, de jalousie et d'adultère, qu'un
organisme vigoureux et en bon état ne connaît pas
et ne comprend pas plus qu'il ne connaît et ne
comprend les migraines et les crampes d'estomac
des valétudinaires chlorotiques.

Et le tableau de ces déplaisantes passions, de ces étrangetés, de ces ruptures d'équilibre de l'intelligence et de la moralité, est mis sous les yeux du lecteur, agit sur lui comme suggestion, lui sert d'*orbis pictus* à l'aide duquel il apprend à connaître le monde et les hommes, et de modèle sur lequel il se forme lui-même ! Que faire contre cela ? Les écrivains amuseurs des siècles passés, qui n'habitaient pas encore les grandes villes et n'étaient pas encore des névropathes, offraient à leur public les excitations qu'il réclamait, sous la forme de farces crues, d'aventures de voyages, de chasses et de guerres, ou de fariboles avouées que seul un pauvre fou comme le noble Don Quichotte pouvait prendre au sérieux. Pour de telles lectures, nos contemporains sont désormais devenus trop malins, et les Peaux-Rouges de Fenimore Cooper, les nègres du Congo de Mayne-Reid et les princesses enchantées de Perrault, ne captivent plus que les enfants au-dessous de douze ans.

La formule idéale de l'œuvre de fiction serait évidemment celle-ci : trouver des faits humains particuliers d'où se dégagent des lois biologiques et sociologiques générales, applicables à toute l'espèce ou du moins à des groupes humains considérables ; ces faits ne devant être exceptionnels qu'en ce sens qu'ils démontrent avec une netteté

et une vigueur inaccoutumées les lois habituellement voilées dont ils sont l'effet et l'expression ;
plus laconiquement : la loi commune, incarnée
dans le fait rare. L'œuvre bâtie selon cette formule satisferait en même temps au désir du philosophe qui lui demande d'être compréhensive,
largement vraie et généralement humaine, et à
celui du lecteur moyen qui la veut différente de
son expérience journalière. Mais, pour réaliser
la formule, il ne faut pas moins que le plus haut
génie, lequel, hélas ! est rare.

Aussi, faute d'avoir toujours ce génie sous la
main, je ne vois aucun remède contre l'intoxication
de l'imagination des lecteurs par les putridités litté-
raires, à moins qu'on ne se résolve à interdire de
par l'Etat à tous les romanciers et à tous les auteurs
dramatiques moyens le séjour des grandes villes et à
les exiler dans des villages paisibles au milieu de ro-
bustes paysans, ou qu'on ne persuade aux écrivains
professionnels de présenter au peuple des faits généraux statistiquement établis, au lieu de cas exceptionnels, de la physiologie intellectuelle au lieu de
pathologie intellectuelle, et d'écrire, au lieu du
livre du malade, le livre de l'homme bien portant.

Je crains seulement, je crains fort que ce livre
utile et recommandable ne trouve ni un éditeur,
ni un lecteur.

II

CONTRIBUTION A L'HISTOIRE NATURELLE
DE L'AMOUR

Ah ! ce que la suggestion exercée par la littérature de fiction a fait précisément du sentiment le
plus important au point de vue de la conservation
de l'espèce, de l'amour ! Aucun instinct fondamental de l'homme n'a été, comme l'amour, rendu arti-
ficieux, détourné de son courant naturel et morbidement transformé, aucun phénomène psychique n'a
été, comme celui-là, faussé et systématiquement
obscurci.

Cela est arrivé au point qu'on éprouve de vives
hésitations à aborder dans un esprit sérieux et
avec l'absence de prévention de l'homme de science,
l'examen de l'amour, de son mode de naissance,
de ses buts, de son décours, et des états de conscience liés à lui. Tous les rêveurs émotionnels des
deux sexes, dont la littérature de fiction — leur
unique aliment intellectuel — a tourné les faibles
têtes, poussent les hauts cris et demandent qu'on
lapide l'anatomiste irrespectueux. L'indignation

contre lui ne connaît pas de bornes. C'est un cynique sans cœur, un estropié d'âme auquel la nature a refusé les sentiments les plus sublimes. C'est un criminel qui s'attaque à la majesté de la femme, un scélérat qui pénètre sacrilègement dans le sanctuaire de l'amour. Voilà ce qu'on a dit de Schopenhauer et de son continuateur Édouard de Hartmann, voilà ce que le tas des servants d'amour dirait de Darwin, d'Herbert Spencer et de Bain, s'il lisait ces penseurs et les comprenait.

L'amour ne doit pas être l'objet d'une définition impartiale, mais seulement de dithyrambes exta- siés; on ne doit pas s'approcher de lui en obser- vateur, mais seulement en amant. Permettez : c'est là une exigence inadmissible. J'ai le droit de par- ler de la faim sans avoir faim, de la peur sans avoir peur. Il m'est permis d'analyser et de décrire froi- dement ces phénomènes, sans que l'on soit pour cela justifié à conclure que je suis incapable d'ap- précier les joies d'une table bien garnie ou de ressentir les émotions que la constatation d'un danger grave et disproportionnellement supérieur à ses moyens de défense, éveille dans l'homme. Pourquoi l'amour, lui aussi, ne serait-il pas accessible à l'observation froide, sans que l'on affirme immédiatement pour cela que l'observa- teur est incapable de l'éprouver, conséquemment de le comprendre ? Les plus mauvaises conditions imaginables pour l'étude de la faim ou de la crainte seraient ces sensations même. On ne peut attendre de l'affamé qu'il constate méthodiquement l'effet du concept d'un rôti sur son système nerveux, surtout lorsque ce rôti fume devant lui sur l'assiette, et celui qui a peur agit en homme avisé en songeant seulement à déguerpir et non à se livrer à une introspection minutieuse. De même, l'amoureux est le dernier de qui on pourrait attendre des lumières sur les faits psychiques accompagnant l'amour. Le spectateur désintéressé peut seul le faire ; et celui-ci n'a aucun motif de tomber à genoux, de montrer le blanc des yeux et de se monter le coup ou de s'affoler en débordements lyriques, quand il parle d'amour. Précisément parce que c'est le plus puissant, et, pour l'humanité, le plus important des sentiments, on doit le considérer d'une tête d'autant plus rassise et se garder d'autant plus soigneusement de l'excitation et de l'enthousiasme, du langage métaphorique et fleuri, que, de cette façon, on ne peut voir ni dépeindre les faits réels.

Or, il ne se passe aussi en amour que des choses très naturelles, bien que les amoureux ne veuillent pas en convenir. Le cerveau humain renferme un centre sexuel suprême, duquel dépendent des centres inférieurs de la moelle épinière, et qui, de son côté, est influencé par les états d'excitation de ceux-ci. Dans la période d'existence pendant laquelle le système reproducteur de l'individu est en pleine maturité et est le siège de processus nutritifs énergiques, le centre sexuel du cerveau se trouve aussi dans un état de tension et de sensibilité qui le rend très susceptible à toutes les excitations. Dans les natures émotionnelles et dans celles dont l'esprit est oisif, il exerce sur la conscience entière une influence prépondérante, fréquemment même tyrannique. Il agit sur le jugement, l'imagination, la volonté, éveille des concepts empruntés au domaine de la sexualité, et donne au travail cérébral tout entier une unique direction, je dirais une polarité sexuelle. Subjectivement, cet état est ressenti par l'individu comme désir amoureux ou aspiration vers l'amour. Il suffit que l'individu en pareille disposition rencontre un individu de l'autre sexe, pour que son désir et son aspiration trouvent un objet et deviennent de l'amour. Toute l'activité du cerveau excitée par le centre sexuel a alors pour contenu l'être aimé, qui n'est pas perçu et jugé tel qu'il est, mais tel qu'il répond au besoin organique de l'être aimant. C'est un mannequin que cet être habille et drape à son goût.

Tout individu humain sain a le sentiment instinctif et inconscient des qualités que doit posséder l'individu du sexe opposé, pour que, par sa réunion avec lui, ses propres qualités se conservent et s'exaltent dans ses descendants. Plus il est lui-même développé, original, différencié, plus sont compliquées aussi les qualités dont il doue l'individu désiré et attendu de l'autre sexe. A-t-il le choix parmi beaucoup d'individus, il élit avec une sûreté infaillible celui qui se rapproche le plus de son idéal organique définitivement élaboré au moment de la maturité sexuelle. N'a-t-il pas le choix, il se contente du premier individu venu, pourvu que celui-ci ne soit pas différent ni éloigné de son idéal, au point de ne plus pouvoir exciter son centre sexuel et d'affecter aussi peu ce dernier que pourraient le faire un individu de son propre sexe, un animal ou un objet inanimé.

Plus un individu se rapproche de l'idéal organique d'un autre, plus vite, naturellement, s'effectue le travail d'identification de cet individu avec l'idéal. Si tous deux se correspondent à peu près complètement, le fameux coup de foudre éclate, on s'amourache sur-le-champ, à l'instant même, et l'on a le sentiment d'avoir toujours connu et aimé l'objet de son amour ; quelques dissemblances existent-elles, l'individu doit d'abord

accomplir un travail d'adaptation, d'assimilation
et d'accoutumance, faire abstraction des dispa-
rités entre l'autre individu et l'idéal, rappro-
cher en imagination l'un et l'autre autant que
possible. On ne s'amourache alors que peu à
peu, plus vite ou plus lentement, suivant que
l'on peut adapter plus vite ou plus lentement
l'objet de l'amour à l'idéal organique préexistant.
Dans chaque cas on n'aime pas, à la vérité, un
autre être humain, mais un idéal que notre organisme a élaboré.

Le désir amoureux est l'aspiration vers une incarnation de l'idéal intérieur ; l'amour, la persuasion
qu'on a trouvé cette incarnation ; l'être aimé, la
projection au dehors de l'idéal intérieur. Aussi la
vie amoureuse de l'individu commence-t-elle avec
sa maturité sexuelle et dure-t-elle aussi longtemps
que celle-ci ; l'idéal est alors organiquement élaboré
et demeure vivant pendant toute la période de la
maturité ; qu'il soit réalisé ou non, cela ne change
rien à l'affaire ; il existe et attend l'occasion de s'incarner ; on aime virtuellement ou potentiellement,
même si l'on n'aime pas effectivement ; on aime son
idéal, si l'on n'aime pas un être humain déterminé.
Plus l'idéal est bas et simple, plus facilement l'individu trouve l'incarnation de celui-ci. Voilà pourquoi les natures vulgaires et non compliquées

peuvent facilement s'amouracher et facilement remplacer un objet d'amour par un autre, tandis que les natures fines et complexes ont grand'peine à rencontrer dans la vie leur idéal ou quelque chose de suffisamment approchant, et, quand ils l'ont perdu, à lui donner un successeur.

La recherche amoureuse agit comme un fort excitant sur le centre sexuel, et l'individu qui en est l'objet peut, sous l'influence de l'excitation de son centre sexuel, facilement perdre la sûreté du sentiment instinctif de ce qui lui est organiquement nécessaire pour la conservation et l'exaltation de ses qualités dans ses descendants, et commettre une erreur qui ne survit pas à la recherche amoureuse, c'est-à-dire à l'excitation troublante. La constatation que l'on s'est trompé laisse ensuite derrière elle une confusion et une humiliation qui se changent en haine contre l'individu qui les a occasionnées, et est un des plus aigus sentiments de déplaisir dont l'homme soit capable.

L'amour sain et naturel est toujours clairement conscient de son but. C'est le désir de la possession, l'exigence de cette amplexion qui peut engendrer des descendants. Chez les individus forts, l'amour détermine des impulsions volitives assez puissantes pour vaincre toute volonté opposée et triompher de tout obstacle. Chez les individus à volonté faible, il n'a pas cette faculté ; l'émotion reste subjective et ne se transforme pas en actes. On ne doit donc pas juger la force de l'amour d'un être d'après les efforts qu'il fait pour obtenir l'être aimé, car la grandeur de ces efforts dépend de la force de sa volonté, non de celle de son amour. Mais il faut ajouter cette distinction que, chez l'homme sain et normal, tous les centres cérébraux sont à peu près uniformément développés, de sorte que les individus faibles de volonté auront difficilement aussi des centres sexuels très vigoureux, tandis que les individus qui savent aimer vigoureusement auront aussi, en règle générale, une volonté puissante.

L'importance différente des deux sexes pour la conservation de l'espèce, implique aussi des différences correspondantes dans leur vie amoureuse.

Le rôle de la femme est de beaucoup le plus important ; celle-ci fournit toute la matière pour la formation d'un nouvel être, élabore complètement celui-ci dans son propre organisme, lui communique avant tout ses propres qualités, telles qu'elle les a héritées de ses ancêtres ; l'homme apporte à ce travail long et pénible, même héroïque, seulement le stimulant de la qualité duquel dépend, du reste, la qualité du travail en question ; c'est comme, par exemple, la même

dynamite brûle tranquillement ou s'enflamme
vivement, ou fait explosion avec une terrible violence, selon qu'elle est allumée à l'aide d'un charbon ardent ou d'une allumette brûlant à flamme,
ou d'une matière explosive. Chez la femme, le centre
sexuel est en conséquence plus fortement développé, son activité est plus vive, et, dans le fonctionnement général du cerveau, plus importante.
La femme a un idéal plus nettement élaboré de
l'homme qui lui est organiquement nécessaire, de
l'homme qui la complète ; on peut moins facilement la déterminer à renoncer à cet idéal et à se
contenter d'un remplaçant par trop dissemblable.
A-t-elle trouvé son idéal, il lui est presque impossible d'y renoncer, et l'émotion avec laquelle elle ressent la vive excitation de son centre sexuel, chasse
de sa conscience toute autre impression ; alors elle
ne peut plus rien autre chose qu'aimer ; elle voue
sa volonté, son jugement, son imagination au service de son amour, et ne laisse même pas s'ébau-
cher une tentative de jugement pour combattre
l'émotion par des objections raisonnables.

La femme a le sentiment instinctif qu'elle n'a
pas le droit de se tromper, qu'une erreur aurait
pour elle-même et pour sa postérité des suites
irréparables, que cette erreur entraînerait dans
tous les cas le gaspillage d'une quantité relative-

ment énorme de travail organique. Aussi est-elle
extrêmement défiante et anxieuse contre la possibilité de l'erreur. D'autre part, elle reconnaît
sûrement aussi qu'elle ne s'est pas trompée, si elle
a trouvé l'homme nécessaire, et elle est alors plus
facilement prête à sacrifier sa vie que l'homme en
question.

Chez l'homme, tout est différent. Il lui est loisible de se tromper plus facilement, parce qu'une
erreur, pour lui, n'a aucune suite organique et
peut, pour ainsi dire, être réparée dès la minute
suivante, en tant qu'il ne s'agit que de sa participa-
tion à la conservation de l'espèce. Aussi son idéal
de la femme qui, organiquement, le complète, lui
apparaît-il beaucoup moins nettement préformé ;
il s'amourache beaucoup plus vite et beaucoup
plus aisément de la première femme venue, il est
beaucoup plus inconstant, il peut beaucoup plus
aimer, beaucoup plus aisément renoncer, oublier ;
l'activité du centre sexuel n'occupe pas une pareille place dans le fonctionnement général de son
cerveau ; enfin son amour peut être, avec une facilité relative, modéré, assourdi, et même complètement vaincu par son jugement.

Voilà, à grands traits, l'histoire naturelle de
l'amour, telle qu'on peut l'observer chez les individus tout à fait sains et normaux des deux sexes.

Mais cet amour simple, vrai, conforme au but, se rencontre-t-il encore dans les milieux dont la littérature de fiction est l'aliment intellectuel ? J'en doute très sérieusement. Ce qu'on tient là et ce qu'on donne pour de l'amour, ce sont des imitations d'états malsains et faux, dont la représentation remplit le roman et le théâtre.

Les troubles et les maladies du centre sexuel sont des plus fréquents parmi les hommes hautement civilisés. Une génération en décadence est d'abord atteinte à cette source des générations futures. Débilité, épuisement, dégénérescence de l'individu comme du peuple et de la race, commencent par se manifester par les anomalies fonctionnelles du centre sexuel, de sorte que l'amour devient innaturel dans sa forme, dans sa puissance, dans le choix de son objet. D'ailleurs, chaque désordre du système nerveux retentit dans le centre sexuel, qui, même chez l'homme normal, tend à dominer toute l'activité de l'organisme et à l'assujettir à ses propres buts ; cependant la résistance des autres centres empêche ses empiètements, tandis que, dans un cerveau affaibli et ayant perdu son juste équilibre, il règne sans obstacles en maître absolu, remplit seul la conscience de ses excitations, fait de l'organisme tout entier son esclave, et plante sur les ruines de

l'intelligence et du jugement sa bannière victo-
rieuse, qui tantôt est un jupon, tantôt un bonnet
de fou, mais parfois aussi une bannière de proces-
sion ou la discipline de ceux qui châtient leur
chair. Or, la littérature de fiction, particulièrement celle de notre temps, représente en général
ces formes malsaines d'amour. La raison de ce
phénomène est indiquée dans le chapitre précédent. Les écrivains ont eux-mêmes les nerfs
surexcités, ou vivent dans une grande ville qui ne
leur présente que des exemples de rupture d'équilibre organique. Si chaque figure imaginée par
les auteurs ne souffre pas directement de folie
érotique caractérisée, elles font néanmoins toutes
partie de ces habitants du pays-frontière entre la
pleine santé et la maladie mentale, dont il a été
question plus haut. Le médecin aliéniste reconnaît dans la description des états mentaux et des
actes des amoureux, telle qu'on la trouve dans la
littérature de fiction, les indices de formes de
trouble mental qui lui sont bien connus. Ordi-
nairement, les symptômes suspects ne sont que
légèrement indiqués ; mais pour peu qu'ils fussent
plus accusés, ils présenteraient des exemplaires
classiques de manie érotique, de délire extatique,
de folie religieuse et d'autres maladies cérébrales
qu'il est inutile d'énumérer ici. Un lecteur capable

de jugement, et notamment un lecteur compétent en cette matière, se croit dans une clinique, quand il promène ses regards sur la littérature de fiction. Rien que des malades et des infirmes !

Voici un individu qui, à la vue d'une femme, tombe hors de lui, perd la raison, et se livre aux plus folles extravagances ; en voici un autre que le gant ou une fleur de la personne aimée plonge dans une dangereuse extase bruyante ou silencieuse ; ici l'amour provoque des impulsions à des actes criminels, là à de la mélancolie et de la lypémanie ; on nous montre une fois une succession suspecte de froideur capricieuse et de tendresse soudaine, une autre fois la banqueroute d'un caractère et d'un esprit jusqu'au plus pitoyable manque de volonté, sous l'influence de la passion. Et toutes ces lubies et ces singularités, ces exaltations et ces renoncements, ces enthousiasmes romanesques et ces désirs, ces concupiscences malingres et ces ardeurs folles, tout cela nous est présenté comme des formes régulières et naturelles de l'amour, sans qu'un mot nous avertisse, sans qu'on nous fasse remarquer qu'il s'agit d'exceptions morbides.

De telles lectures font une profonde et excessivement fâcheuse impression même sur le lecteur ordinaire, et à plus forte raison sur celui qui a des

dispositions au nervosisme et est peut-être déjà
quelque peu déséquilibré ; mais cette impression
s'exerce tout particulièrement sur l'habitante de
la grande ville.

La femme incline de nature à regarder l'amour
comme l'unique but et l'unique sujet de la vie
humaine, et elle est complètement confirmée dans
cette idée, qui peut être juste en ce qui la concerne,
mais ne s'applique pas au mâle, en voyant que les
livres où elle puise toutes ses notions du monde et
de la vie, pivotent de la première à la dernière
ligne autour de l'amour. Le récit des luttes pour
la conquête d'une femme et des ravissements cau-
sés par la victoire, accroît jusqu'à la folie des gran-
deurs et jusqu'à l'apothéose d'elle-même la haute
opinion qu'elle a naturellement de sa personne, et
elle s'imagine réellement que sa possession est un
bonheur supra-terrestre que l'homme est loin de
payer à sa valeur par la renonciation à toutes les
autres tâches et aux autres buts de son existence.
Elle apprend à n'estimer l'homme que selon sa
capacité d'aimer ; le misérable pleutre dont le cerveau idiot ne peut opposer de résistance à ses émotions amoureuses et qui va à la dérive sans mât ni
gouvernail dans le torrent de la passion, elle le
trouve touchant et digne d'amour ; l'homme sain
et fort, dont la cogitation tient l'émotion en bride,

qui même dans l'excitation de l'amour demeure
raisonnable et n'obéit aux suggestions de celui-ci
qu'autant qu'elles sont approuvées par son jugement, elle l'abomine comme froid et sans cœur.
La déliquéscence plus molle que le beurre et la
sentimentalité pleurarde, elle les nomme dévoue-
ment ; la vigueur robuste exercée à se maîtriser
soi-même, et qui, dans la fière appréciation de sa
valeur propre, estime aussi haut l'hommage rendu
que l'hommage reçu, elle la regarde au contraire
comme une brutalité repoussante. La dégénérescence maladive qui fait d'un homme le jouet de la
femme et la victime de ses propres excitations,
lui paraît le signe de la véritable virilité, et son
imagination donne au héros d'amour, comme
attributs extérieurs, des joues pâles, un regard
langoureux et un front rêveur, traits qui ne sont
pas précisément les attributs de la santé et de la
robustesse viriles. Elle s'imagine que l'amour,
pour être profond et sincère, doit revêtir la forme
du maboulisme ; elle en attend des tours d'acro-
bate moraux et physiques, des épanchements insen-
sés en prose et en vers, des soupirs, des larmes et
des tordements de mains, un mysticisme incom-
préhensible de langage, idées qui ne viennent pas
à l'esprit d'un homme raisonnable, et actions qui
rappellent celles de Roland furieux ou de l'Amadis

de Gaule. Pour être reconnu de bon aloi, l'amour doit s'agiter et se démener ; le sentiment silencieux et contenu, qui ne caquète ni ne gesticule, qui ne préjudicie pas essentiellement au sommeil et à l'appétit et qui est compatible avec l'accomplissement de devoirs professionnels, ne passe pas pour de l'amour. Celui-ci n'est compris que comme orage ; il doit être accompagné d'éclairs et de coups de tonnerre ; l'amant doit se présenter chez la bien-aimée comme Zeus chez Sémélé ; s'il apparaît autrement, il n'est pas le dieu attendu.

Ce n'est pas tout. La littérature de fiction perturbe aussi le développement naturel des sentiments d'amour chez le lecteur adolescent, et tout particulièrement chez la lectrice. La norme biologique est que, avec la maturité de l'organisme, le centre sexuel entre en activité, et que c'est lui qui suscite dans la conscience des émotions et des représentations de nature érotique.

Chez la jeunesse des classes cultivées, le contraire arrive. Les émotions et les représentations érotiques sont introduites artificiellement dans la conscience par la lecture, et ce sont elles qui stimulent le centre sexuel à une activité prématurée et conséquemment nuisible. Quand le désir amoureux est la conséquence de la maturité sexuelle de l'individu, l'organisme a eu aussi le temps et la force d'élaborer instinctivement l'idéal de son partenaire, idéal qu'il sent nécessaire à son propre complément ; le sentiment devient sûr et méritant toute confiance, l'influence du caprice se réduit, le danger d'une erreur dans le choix décisif diminue considérablement. Si au contraire les représentations érotiques sont suggérées prématurément à la conscience par la lecture, l'organisme se trouve surpris par elles avant qu'il ait pu élaborer l'idéal d'un partenaire ; la suggestion étrangère trouble ce délicat travail ; l'organisme n'écoute plus ses propres voix obscures, mais celles des poètes ; l'imagination reçoit la représentation de l'individu désiré non des profondeurs mystérieuses des cellules et des tissus, mais des pages des romans ; l'individu n'arrive pas au sentiment sûr du partenaire qui lui est nécessaire, et une rencontre fortuite peut, faute de l'examinateur intime qui doit l'apprécier, devenir fatale.

La femme qui lit des romans ou qui fréquente les théâtres ne sait pas si l'homme qui l'approche est celui qu'il lui faut, car elle n'a pas d'idéal organique, mais seulement des réminiscences de héros de romans et de drames. Elle confond ses caprices avec les véritables besoins de son organisme, et commet à la légère les funestes méprises qui rendent une femme malheureuse pour la vie.

Quatre-vingt-dix-neuf fois sur cent, dans les classes cultivées, particulièrement des grandes villes, ce qu'on tient ou ce qu'on donne pour de l'amour n'est pas un sentiment né dans l'organisme, mais l'effet d'une suggestion poétique [1]. Si les amants de cette catégorie n'avaient jamais lu un roman ou vu une pièce de théâtre sentimentale, ils ne se trouveraient vraisemblablement pas dans l'état d'âme qu'ils éprouvent, ou s'ils étaient réellement amoureux, leur sentiment se manifesterait en tout cas par de tout autres pensées, paroles et actions. Ils n'aiment pas avec le centre sexuel, mais avec la mémoire. Consciemment ou inconsciemment, ils jouent une comédie de salon ou de boudoir, et répètent avec sérieux et zèle les scènes dont la description dans les livres, la représentation au théâtre, s'est emparée de leur imagination.

A Paris c'est la coutume que les amoureux des

(1) Peut-être l'influence de la suggestion exercée par la poésie sur la naissance d'une liaison amoureuse, n'a-t-elle jamais été mise en relief d'une façon aussi nette et énergique que dans les vers célèbres du Dante :

Noi leggevamo un giorno per diletto
Di Lancillotto, come amor lo strinse...
. . . .
Quando leggemmo il disiato riso
Esser baciato da cotanto amante,
Questi, che mai da me non fia diviso,
La bocca mi baciò tutto tremante...

(*Inferno*, ch. v, vers 127 et sqq.)

classes populaires se rendent en pèlerinage, à l'époque de la lune de miel de leurs jeunes amours, au tombeau d'Héloïse et d'Abeilard, ces deux amants célèbres et malheureux du moyen âge. Cet acte renferme un sens profond. Très vraisemblablement, en effet, les amants sont redevables de leur liaison, qu'ils trouvent agréable, aux mélodistes amoureux du XIIᵉ siècle, autrement dit aux histoires d'amour que leur ont chantées les poètes, avec accompagnement de harpe. L'homme aimé d'une femme qui a de la lecture aurait tort de se vanter. Ce qu'elle aime réellement, ce n'est pas sa personnalité, ce n'est pas non plus son idéal organique à elle, duquel il se rapprocherait peut-être, mais la figure romanesque imaginée par quelque écrivain et dont elle cherche un représentant. Frappons-nous la poitrine, mes frères. Quelque humiliant que cela puisse sembler à notre amour-propre, nous devons néanmoins nous avouer franchement que nous avons tous été plus ou moins, dans nos expériences amoureuses, le Bottom à tête d'âne dont Titania était éprise, parce qu'elle se trouvait sous l'influence de la fleur magique (*Le songe d'une nuit d'été*, de Shakespeare). L'Obéron qui avait pressé sur les yeux de nos Titanias le suc de la fleur magique, était simplement le poète. Le hasard, propice pour nous, sans doute, a fait que nous avons précisément rencontré les Titanias quand elles étaient dans cet état. Qu'il s'agisse d'ailleurs de Bottom ou de Quince, Titania n'aime sûrement ni l'un ni l'autre, mais elle aime une figure romantique que lui a suggérée l'espiègle Obéron, comme Faust, « avec ce breuvage magique dans le corps », voit dans chaque femme une Hélène idéale.

Des écrivains de toutes les nations, travaillant d'après des clichés, ont prêté à la Parisienne, à toutes les Parisiennes sans exception, depuis plusieurs générations, je ne sais quel charme et quel « chic ». La conséquence, c'est que tous les niais des deux mondes sentent leur venir l'eau à la bouche et clignent les yeux, quand on prononce seulement le mot de Parisienne ou qu'ils en voient une en chair et en os. Si on leur demande ce qu'ils trouvent en elle, ils se contentent de bêler, comme les moutons, toujours l'unique et même mot : « Chic ! chic ! » Ils voient en la Parisienne ce que leurs livres les ont amenés à y voir. Pour les comédiennes et les écuyères aussi, la littérature a fait les mêmes réclames, — je ne puis employer d'autre expression, — et c'est pour cela que ces personnes sont de préférence l'objet des désirs amoureux de tous les sous-lieutenants, collégiens et « calicots » beaux-esprits. A la femme, la littérature, du moins en Allemagne, a suggéré de cette façon uniquement l'officier comme le plus digne objet d'amour, et l'uniforme devrait être suspendu comme ex-voto dans le temple des muses de la poésie, chaque fois qu'il triomphe d'un cœur de femme.

Que l'on examine, si l'on est en situation de le faire, les liaisons amoureuses que, dans son propre entourage, on voit naître, grandir, et mener au bonheur conjugal ou à des catastrophes indiscrètement bruyantes. En règle générale, on constatera à peu près cette marche schématique : un homme, par suite d'un voisinage de table ou des obligations du carnet de danses, s'entretient quelque peu, et naturellement d'une façon galante, avec une jeune fille. Celle-ci n'éprouve d'abord que de la satisfaction de l'effet produit par sa personne et qu'elle s'exagère généralement beaucoup; puis sa vanité flattée la transporte dans une disposition d'esprit aimable et avenante, qui à son tour est mal interprétée par la fatuité de l'homme. Maintenant le travail du hasard cesse, et la suggestion du poète commence son œuvre. Lui et elle ont ressenti une légère excitation; l'imagination élabore celle-ci; la mémoire évoque toutes les images des couples amoureux célèbres; tous les poèmes lyriques, toutes les lettres d'amour et tous les aveux qu'on a lus commencent à faire rage et se pres-

sent sous la plume et sur les lèvres ; on se monte
toujours de plus en plus, on s'enfonce toujours plus
ardemment dans le rôle érotique que l'on a commencé à jouer, et l'on s'approche finalement de
l'autel où une troupe d'écrivains invisibles étend,
pour le bénir, les mains sur le couple, qu'eux
seuls y ont conduit. Plus tard, il est vrai, on ne
découvre que trop souvent que Thécla a donné
le rôle de son Max (*Wallenstein*, de Schiller) à
un acteur entièrement insuffisant, et réciproque-
ment, et alors se joue une autre pièce, également
suggérée par un poète, soit un drame d'adultère,
soit une romance de renonciation et d'entrée au
couvent. Mais presque toujours il s'agit d'un amour
phonographique, dans lequel hommes et femmes,
comme l'insidieux instrument de l'Américain Edi-
son, répètent fidèlement, d'une voix en fer-blanc
de polichinelles, les paroles que le poète a aupa-
ravant versées en eux.

Vous tous, sophistes de l'amour, abstracteurs de
quintessence de la passion et pathologistes du cœur
humain, inventeurs de situations alambiquées,
d'êtres extraordinaires à double canon et d'événements inouïs, qu'avez-vous fait, avec vos histoires
emberlificoquées, de l'instinct le plus simple, le plus
vrai et le plus réjouissant de l'homme ? Et combien
n'avez-vous pas été coupables envers nous tous !

III

ESTHÉTIQUE ÉVOLUTIONNISTE

Herbert Spencer dit dans ses *Principes de bio-logie* :

« Il n'y a pas de meilleure occasion de remar-quer que ce que nous appelons la beauté dans le monde organique, dépend pour la plupart et en quelque façon de la relation sexuelle. Il n'en est pas seulement ainsi quand il s'agit des fleurs et des odeurs. Il en est ainsi aussi quand il s'agit du brillant plumage des oiseaux et de leur chant; résultats l'un et l'autre, selon M. Darwin, de la sélection sexuelle, et il est probable que les cou-leurs des insectes les plus visibles ont en partie la même cause. Ce qu'il y a de remarquable, c'est que ces caractères qui ont pris naissance parce qu'ils facilitaient la production du meilleur reje-ton, en même temps qu'ils sont naturellement entre tous ceux qui rendent attrayants les uns pour les autres les organismes qui les possèdent, directement ou indirectement, sont aussi les plus attrayants pour nous. Sans eux, les champs et les

bois perdraient tout leur charme. Il est curieux de
remarquer que la conception de la beauté humaine
tire en grande partie son origine de la même
cause. C'est une observation rebattue, que l'élément
de beauté qui se dégage de la relation sexuelle
est prépondérant dans les produits esthétiques,
la musique, le drame, la fiction, la poésie ; mais
cette observation prend un sens nouveau, dès
qu'on voit à quelle profondeur dans la nature
inorganique ses racines s'étendent [1] . »

Dans ces quelques lignes, auxquelles le traduc-
teur français a laissé leur allure un peu lourde,
sont renfermés tous les trois ou même tous les neuf
livres sibyllins d'une science naturelle du beau.

L'esprit humain, celui des masses même, s'habi-
tuera peu à peu à penser d'une manière évolutionniste, c'est-à-dire à reconnaître dans chaque phénomène une phase de développement qui, en soi,
est incompréhensible, mais devient compréhensible par ce qui a précédé, et, vu en rapport d'ensemble avec le passé, fait un effet beaucoup moins
mystérieux que quand on le considère en lui seul.
Lorsque le penser humain sera parvenu à ce point
de vue, peu de choses lui produiront un effet aussi
comique que les manières de voir et les essais d'ex-

---

(1) Herbert Spencer. *Principes de biologie*, traduction française, t. II, p. 219, en note. Paris, Félix Alcan.

plication qui forment aujourd'hui encore le fond
de l'esthétique enseignée officiellement.

Jusqu'à présent, en effet, la philosophie n'a
pas, pour la plus grande partie, pensé d'une manière évolutionniste. Elle considérait les phénomènes de la vie psychique tels qu'ils se présentent
aujourd'hui à nous, et cherchait à les comprendre
sans demander comment ils avaient pris naissance, depuis quels commencements simples ils se
sont développés jusqu'à leur complexité actuelle,
quelles parties d'eux sont des survivances rudimentaires ou des restes morts, quelles autres parties
des pousses vivaces.

Kant même, lorsqu'il parle des catégories, est
infidèle à ses habitudes de pensée nette et claire,
et y rattache la remarque mystique qu'elles sont
des formes de la pensée humaine qui font entre-
voir l'extra- et le supra- humain. Cela, traduit en un
langage moins mystérieux, veut simplement dire
que les formes du penser humain, comme le temps,
l'espace et la causalité, ne reposent pas sur les
expériences, c'est-à-dire sur les aperceptions sensorielles de l'individu; en un mot, elles doivent
être parvenues à sa conscience par une autre voie
que la voie des sens, elles doivent être nées
avec lui. Et Kant disait cela après que Hume avait
trouvé si longtemps avant lui, du moins pour une

3.

de ces catégories, — la causalité, — l'explication
qu'elle est simplement née de ce que l'esprit humain, voyant les phénomènes se succéder constamment, prit peu à peu l'habitude de croire cette
succession impossible à interrompre et de supposer entre les phénomènes des rapports dynamiques.
L'idée de l'espace a été démontrée depuis — principalement par Bain, Spencer et Stuart Mill — comme
le résultat des aperceptions des mouvements propres de l'individu amenées à la conscience par
le sens musculaire, et, dans ces derniers temps, la
science étymologique a commencé à prouver, par
la signification de la racine des mots qui, aujour-
d'hui, expriment les idées de temps, que l'homme,
par le temps, entendait primitivement seulement
la journée, la durée de l'éclat du soleil, mais non
quelque chose d'absolu, d'*a priori*, existant en
dehors du système solaire, en dehors d'une suite
de jours, de nuits et de saisons, en dehors d'une
nature comportant une succession de change-
ments. En réalité, ce que nous appelons le temps
est une mesure de mouvement, lequel a pour condition l'existence de l'espace. Nous ne pouvons
pas nous représenter un mouvement sans un espace
où il se produit. Mais s'il n'y avait pas de mouvement, aucune espèce de mouvement, il n'y aurait pas de temps, il serait entièrement impossible

de former la notion du temps. En sorte qu'en dernier lieu, le mot « temps » n'est qu'un équivalent philosophique du mot « mouvement ».

Il en est de même pour la morale. On la trouva un jour établie, on reconnut que les hommes ont la notion du bien et du mal, de la vertu et du vice, et l'on ne se demanda pas comment cette notion avait bien pu se développer naturellement, mais on admit immédiatement qu'elle avait dû être révélée aux hommes, telle qu'elle existait, par un être divin. Aujourd'hui nous savons, au contraire, qu'il n'y a en soi ni bien ni mal, mais que la nécessité de la vie en commun a peu à peu amené les hommes à nommer mauvaises et criminelles des actions qui seraient nuisibles à l'intérêt de la communauté, et bonnes et vertueuses celles qui seraient avantageuses à cet intérêt.

L'esthétique n'a pas échappé à cette loi générale d'intempestivité humaine à résoudre les questions, qui, fort étrangement, se donne pour de la profondeur. Comme le sentiment du beau, tel que l'homme le possède aujourd'hui, ne peut être expliqué directement par un effet d'utilité quelconque ou par un fait perceptible par les sens, des centaines de philosophes, depuis Platon jusqu'à Fichte, Hegel, Vischer et Carrière, ont bien vite

affirmé dogmatiquement que ce sentiment est,
lui aussi, un de ces phénomènes mystérieux qui
font deviner quelque chose de surhumain dans
l'homme, une forme dans laquelle l'esprit humain
défini peut saisir à peu près l'idée de l'infini, un
pressentiment sublime de l'essence immatérielle
qui est le substratum de tout phénomène matériel,
et autres semblables suites de mots absolument
dépourvus de sens.

Un adage populaire dit qu'il ne faut pas montrer à un sot une maison non achevée. C'est une
véritable hérésie. Tout au contraire, il ne faut pas
montrer à un sot une maison achevée. Vient-elle
en effet d'être construite, il la regarde bouche bée
et les yeux écarquillés, et ne peut concevoir comment elle est devenue si haute, si large et si magnifique. Si, au contraire, on la lui montre inache-
vée, si on lui laisse voir comment la pierre s'ajuste
à la pierre et la poutre à la poutre, il ne lui est
pas difficile de comprendre la naissance et l'existence de la merveille, sa structure et son but, le
pourquoi de ses parties et le comment de sa forme.

Une anecdote connue raconte que le roi
Georges III d'Angleterre, un jour de chasse au
renard, était devenu songeur à la vue de boulettes
aux prunes qu'on lui avait servies dans une ferme,
et, après une pénible méditation, avait poussé

cette exclamation : « Mais comment, diable, les prunes ont-elles pu entrer dans les boulettes? » La métaphysique se tient en face des phénomènes de la vie psychique comme Georges III devant les boulettes aux prunes. Comme il ne lui paraît pas possible qu'une prune puisse être introduite par voie naturelle dans une boulette fermée de toutes parts, elle suppose sans hésiter une voie extra- et supra-naturelle. C'est ainsi que les idées de temps, d'espace et de causalité, comme postulats du penser humain, doivent être des « intuitions innées », des « notions *a priori* »; la morale, une révélation divine; le sentiment du beau, une aperception du supra-sensible et de l'infini. Mais à ce moment intervient la philosophie évolutionniste, qui montre, avec la sagesse primitive d'une cuisinière, que la boulette aux prunes, telle qu'elle est servie fumante sur la table, ne peut en effet être comprise ni expliquée; qu'elle n'a toutefois pas toujours été, dans sa sphéricité sans fin et dans son entité sans ouverture, le symbole de l'éternité, mais qu'elle s'est, sous forme de pâte souple, enroulée tout naturellement et très compréhensiblement autour de la prune, ce qui fait que le mystère cesse d'être un mystère.

De même que pour la morale, l'idée de temps, d'espace et de causalité, on ne doit pas non plus considérer l'idée du beau dans sa perfection actuelle, si l'on veut comprendre cette idée, mais on doit rechercher comment elle est devenue ce qu'elle est maintenant. Actuellement, elle est quelque chose de très complexe ; primitivement, elle était quelque chose de très simple.

Nous qualifions aujourd'hui de beaux toute une série de phénomènes qui ont le caractère le plus divers et s'adressent aux sens les plus divers : la musique et la peinture, un paysage et une cascade, une cathédrale et une tempête sur mer, un poème et des joyaux. De même, nous nommons esthétiques toute une série de sensations absolument dissemblables les unes des autres : la terreur voluptueuse éprouvée à la vue d'un mascaret tonitruant, comme la gaie satisfaction que l'on goûte en contemplant les dessins d'Oberlænder dans les *Fliegende Blaetter* ; l'admiration de la Vénus de Milo, comme l'approbation donnée à un bâtiment monumental. L'esthétique métaphysique s'est échinée à ramener cette diversité à une unité. Ç'a été une torture dont rien de bon ne pouvait sortir. Pour rendre semblables les uns aux autres les différents phénomènes, on dut les dépouiller de leurs qualités essentielles, ajouter à l'un quelque chose de ce qu'avait l'autre, enlever à l'autre quelque chose de ce qui manquait à l'un. Et

quand ce truc de faussaire ou de niveleur ne suffi-
sait pas, on prêtait à tous les phénomènes une
adjonction arbitraire, établissant ainsi une ressemblance sophistique qui est fondée sur le costume
dont on le revêt artificiellement, non sur les traits
naturels des phénomènes. Nous voulons essayer
d'une méthode plus honnête. Au lieu d'entremêler,
par un barattage vigoureux, plus furieusement
encore les parties constituantes du phénomène
compliqué, et de les rendre plus méconnaissables
et en apparence plus uniformes encore par une
suffusion de bouillon métaphysique d'infini, nous
voulons au contraire les séparer attentivement et
rendre à chacune sa physionomie primitive.

Une propriété est d'ailleurs commune à toutes
les sensations esthétiques : c'est que celles-ci sont
l'opposé de sensations de déplaisir. Mais les sensations agréables qu'éveillent en nous les différentes espèces de beau, découlent de diverses
sources organiques.

Avant de chercher à découvrir celles-ci, disons
un mot des sensations de plaisir et de déplaisir
elles-mêmes.

Les sensations de plaisir sont celles qu'éveillent
les impressions ou les représentations d'impressions qui, d'une façon quelconque, sont favorables
à la conservation de l'individu ou de l'espèce ; les

sensations de déplaisir sont le contraire. A cela il y a une raison naturelle et spontanée. Un être chez lequel des impressions qui menaçaient son existence ou lui nuisaient, n'étaient pas accompagnées et soulignées de sensations désagréables, n'avait aucun motif pour éviter ces impressions et devait bientôt y succomber, de sorte qu'il ne laissait pas de descendants et ne pouvait conséquemment plus être représenté dans le monde organique actuel. Au contraire, un être qui ressentait comme désagréables des impressions nuisibles ou menaçantes, avait un stimulus suffisant pour les éviter ou les repousser, se préserver conséquemment du mal et s'assurer un développement régulier qui implique aussi la procréation de descendants.

Jusqu'ici il s'agissait d'éviter les choses nuisibles; mais cela ne suffit pas. Pour prospérer d'une manière particulièrement opulente, l'organisme devait rechercher des conditions qui ne lui étaient pas seulement non nuisibles, qui n'étaient pas indifférentes, mais directement favorables. Il devait ressentir comme agréables les impressions favorables et avantageuses, et par là être amené à les désirer et à les rechercher. Plus fortes étaient ses sensations de plaisir dans les impressions utiles, plus vivement il s'efforçait de les obtenir, et plus favorablement elles pouvaient agir sur son

bien-être et sur son développement. Les organismes actuels représentent donc la sélection des
ancêtres chez lesquels les impressions menaçant
leur existence éveillaient les plus fortes sensations
de déplaisir, et les impressions la favorisant, les
plus fortes sensations de plaisir.

Un seul exemple pour la démonstration de ce fait.
Toutes les odeurs en soi sont équivalentes, et il n'y
en a parmi elles ni d'agréables ni de désagréables.
L'odeur de la putréfaction et l'odeur des roses ne
sont pas plus, en soi, d'essence différente, que,
par exemple, la lumière bleue et la lumière rouge,
le son de la trompette et celui de la flûte. Si, outre
l'odorat, il y avait encore quelque chose, une matière quelconque sur laquelle l'odeur fît impression comme la lumière sur le chlorure ou le bro-
mure d'argent, de sorte qu'on pût établir un
appareil qui serait pour les odeurs ce que l'appareil photographique est pour les phénomènes
lumineux, on pourrait faire comprendre avec la
plus grande facilité, même à un esprit non philosophique, que l'odeur de putréfaction en soi est une
odeur comme tout autre, et ne produit une impression désagréable que sur le nez humain dans
sa constitution actuelle. Or, il se trouve que
l'odeur de putréfaction est propre aux matières
liquides et gazeuses produites par l'activité vitale

de micro-organismes très dangereux pour les animaux supérieurs, tandis que l'odeur des roses est
propre à une fleur qui croît en des endroits secs et
ensoleillés et fleurit dans la belle saison. Un être
auquel les deux odeurs étaient indifférentes ou
qui même préférait l'odeur de pourriture, n'évitait
pas les endroits où se passaient des processus de
putréfaction ; il respirait des gaz toxiques, man-
geait peut-être des matières pourries, qui conte-
naient du virus cadavérique (ce qu'on nomme des
ptomaïnes), entrait en contact avec des micro-
organismes qui provoquaient chez lui des maladies dangereuses, et même mortelles, et devait
tôt ou tard s'étioler et succomber. Un être, au
contraire, chez lequel l'odeur de pourriture faisait
naître des sensations désagréables, et l'odeur des
roses des sensations agréables, évitait toutes les
nocivités qui accompagnent les premières, et
cherchait de préférence, au printemps et en été,
des endroits chauds et ensoleillés en plein air, ce
qui était évidemment très favorable à sa santé.
Il prospérait et engendrait des descendants vigoureux dont la force et la fécondité plus grandes
devaient bientôt faire reculer les descendants de
l'être pour lequel l'odeur de pourriture n'était pas
désagréable ou même était agréable, de sorte
qu'il ne pouvait plus rester que des hommes

auxquels l'odeur de pourriture, quand leur système nerveux est sain, donne des sensations
désagréables, et l'odeur des roses des sensations
agréables. Chez les individus dégénérés seuls, on
observe le contraire, et leur prédilection pour les
odeurs que la majorité saine sent et fuit comme
puanteur, contribue fréquemment à une détério-
ration de leur état. Ce qui renforce cet effet des
deux odeurs différentes, ce sont les associations
d'idées qu'elles font naître. A l'odeur de pourriture nous associons en effet l'idée de phénomènes
liés à la mort et à l'anéantissement de l'organisme ; à l'odeur des roses, l'idée de la saison où
la nourriture commença à devenir abondante
pour l'homme primitif, où la chaleur revint et où
sa vie fut plus facile et plus agréable.

Cette règle que toutes les sensations de plaisir
et de déplaisir reposent primitivement sur l'utilité
ou la nocuité pour l'individu ou pour l'espèce des
phénomènes qui les provoquent, ne souffre pas
d'exception. Les faits qu'on lui oppose sont mal
observés ou superficiellement interprétés.

Un exemple seulement aussi à ce sujet. Les
liquides alcooliques enivrants évoquent certainement chez le buveur des sensations de plaisir, et
sont cependant nuisibles au plus haut degré à sa
santé et à sa vie. Cela est exact. Mais pourquoi les

boissons alcooliques ont-elles cet effet? Parce que
d'abord, avant de paralyser et de stupéfier l'organisme, elles excitent le système nerveux à une plus
grande activité, provoquent un intense sentiment
de force, de la gaieté, des impulsions de volonté
et d'abondantes représentations de l'esprit, c'est-
à-dire un état qu'amènent, d'une façon naturelle,
seulement les circonstances qui sont au plus haut
degré avantageuses à la santé et à la vie de l'individu, telles que l'excellente nourriture, le repos
suffisant, une santé parfaite, le séjour dans une
atmosphère riche en oxygène, la société de compagnons aimés, la jeunesse, l'absence de toute
cause de crainte et de préoccupation, etc.

L'homme primitif ne connaissait la disposition
d'esprit joyeuse qui précède l'ivresse proprement
dite, qu'accompagnée de ces circonstances au plus
haut point favorables, et devait, en vertu de la
loi indiquée plus haut, la percevoir comme une
sensation de plaisir. Ce n'est que beaucoup plus
tard, lorsque la joie causée par cette disposition
d'esprit était devenue chez lui déjà un instinct
organique; qu'il inventa le vin et l'alcool, et
acquit la possibilité de provoquer cette exaltation
si agréable de l'activité du cerveau et des nerfs,
par un autre moyen, nuisible, celui-là. Or, il n'y
a que quelques milliers d'années de cela, et, dans

cette période relativement courte, il ne pouvait pas s'opérer de transformation dans un instinct pour l'organisation duquel l'humanité avait disposé de centaines de milliers d'années. S'il y avait dans la nature de l'alcool tout fait et facilement accessible, comme l'eau ou les fruits des arbres, de façon que l'homme et ses prédécesseurs, au début de leur vie, eussent connu l'eau-de-vie et lui eussent associé d'emblée une disposition d'esprit exaltée, tous les êtres qui auraient ressenti cette disposition d'esprit comme agréable et auraient tenté, pour ce motif, de se la procurer par un abondant usage de l'eau-de-vie, seraient devenus des ivrognes, auraient aussi éprouvé tous les maux de l'alcoolisme, et se seraient éteints de très bonne heure. Il n'y aurait plus aujourd'hui que des hommes auxquels le goût et l'odeur des liquides alcooliques répugneraient autant que ceux, par exemple, du pétrole ou de la sanie, et qui percevraient comme une sensation de déplaisir la disposition d'esprit exaltée que l'alcool provoque.

Les sensations de plaisir, elles aussi, qu'éveille en nous le beau au plus large sens, n'ont pas d'autre origine que toutes les autres sensations de plaisir. Elles sont une conséquence de ce fait, que ce que nous ressentons aujourd'hui comme beau a été aussi, primitivement, avantageux ou

favorable à l'individu ou à l'espèce, ou bien que
les êtres vivants le connurent d'abord accompagné
de phénomènes avantageux ou favorables, et l'as-
socièrent organiquement au souvenir de ceux-ci.

Les phénomènes qui sont ressentis comme
beaux, se divisent naturellement en deux grandes
classes. Ils se rapportent ou à l'existence de l'individu ou à celle de l'espèce. A la première
classe appartiennent le sublime, le charmant et ce
qui est bien adapté à son but ; à la seconde, le
beau au sens plus restreint du mot, et le joli.
Ces cinq formes du beau sont fréquemment con-
fondues, tandis qu'au contraire, à cause de leur
diversité, on devrait soigneusement les distinguer.
Nous les examinerons successivement et tâcherons
de comprendre quel rapport les unit à l'instinct de
conservation de l'individu et de l'espèce.

Le sublime est le sentiment d'une immense dis-
proportion entre l'individu qui perçoit et le phénomène perçu, et de la supériorité écrasante de
celui-ci sur celui-là. Tout ce qui est démesurément
grand et puissant produit un effet sublime. L'idée
qui gît au fond du sentiment du sublime est celle-
ci : « Comparé à ce phénomène, je ne suis rien.
En face de ce phénomène, mes forces ne comptent
pas. Lutter contre lui, en triompher, c'est chose
complètement impossible. Si je devais lutter avec

lui, je serais anéanti. » Ce sentiment est de fort
près apparenté à celui de la crainte, et il ne s'en.
distingue en effet que par ceci : c'est qu'à côté
de l'idée d'une impuissance totale, il renferme
cette seconde idée encore : qu'heureusement il
n'est pas nécessaire de combattre le puissant phénomène, et que celui-ci n'emploiera pas sa supériorité de forces écrasante à vaincre et à anéantir
effectivement l'être qui le perçoit.

Rome en feu, vue du haut de la terrasse du palais
impérial, peut éveiller le sentiment du sublime,
parce que, là, cette terrible vision ne menace pas
le spectateur ; si, par contre, celui-ci se trouvait au
milieu de l'incendie, la même vision n'éveillerait
pas en lui le sentiment du sublime, mais celui de la
terreur de la mort [1]. Le ressac de la mer, vu de la
plage, est sublime ; il éveille la terreur de la mort
chez le naufragé qui doit le traverser pour
atteindre la côte. Les phénomènes somatiques
qui accompagnent le sentiment du sublime sont
les mêmes que ceux qui sont associés au sentiment de la terreur. C'est la même oppression, le
même arrêt du cœur, la même suspension de la

(1) Suave, mari magno, turbantibus aequora ventis,
E terrâ magnum alterius spectare laborem :
Non quia vexari quemquam est jucunda voluptas,
Sed, quibus ipse malis careas, quia cernere suave est.
LUCRÈCE, *De naturâ rerum*, livre II, début.

respiration, autant de signes de l'excitation du nerf vague (ou pneumogastrique), c'est le même frisson le long de l'échine, la même immobilité, que l'on peut qualifier de paralysie momentanée. Les natures impressionnables éprouvent le même sentiment de raidissement, de pétrification, en face du sublime, qu'en présence d'un danger terrible qui les menace réellement. Dans les deux cas, il y a la même inhibition de tous les phénomènes moteurs et le même monoidéisme. Le sublime est donc lié de la façon la plus directe à l'instinct de conservation de l'individu, c'est-à-dire à son habitude de se sentir comme opposé au monde extérieur, de concevoir celui-ci comme un ennemi possible, et d'évaluer les chances de victoire ou de défaite, pour le cas d'une collision.

Le charmant est le sentiment excité par des phénomènes qui, dans une unité de temps donnée, font naître un grand nombre d'impressions sensorielles et provoquent une vive activité des centres de perception, de raisonnement et de jugement. Un mur nu produit un effet ennuyeux, parce qu'il provoque une seule impression visuelle et ne rend pas nécessaire une activité interprétante quelque peu vive du cerveau. Un mur richement orné produit au contraire un effet charmant, parce qu'il provoque d'un seul coup d'œil de nombreuses impressions visuelles et une grande activité interprétante du cerveau. L'uniformité peut, lorsqu'elle se présente en dimension immense, faire l'effet du sublime, jamais du charmant ; celui-ci ne peut être l'effet que du varié.

Le varié cesse d'être senti comme charmant, lorsqu'il n'est plus facile à embrasser du regard et à saisir, qu'il ne peut être perçu d'un unique coup d'œil et interprété sans difficulté par la raison, mais impose aux centres cérébraux un travail fatigant de recherche, de classification et d'analyse. Voilà pourquoi ce qui est confus et surchargé n'est plus charmant.

Il va de soi aussi que le varié ne sera pas charmant non plus, quand chacune de ses parties en soi n'est pas sentie comme agréable. C'est ainsi qu'un mur souillé de beaucoup de taches de saleté de grandeur et de forme très différentes, ne produira pas un effet charmant, en dépit de la nature variée de son aspect. Le charmant est donc lié à ce fait psychologique, que l'individu sent comme agréable la conscience de sa propre existence. Or, cette conscience consiste dans la perception d'impressions, et ce qui donne beaucoup d'impressions simultanées encore perceptibles sans peine donne également à la conscience une plus grande intensité, et à l'individu un plus riche sentiment de son existence.

Ce qui est bien adapté à son but n'est pas à proprement parler ressenti comme beau, mais comme satisfaisant ; seulement, comme ceci est aussi un sentiment de plaisir, on confond l'idoine facilement avec le beau.

L'idoine est le compréhensible, ce qui répond aux idées humaines sur les lois du phénomène. Une pyramide en pierre posée sur la pointe paraîtrait absolument laide, parce qu'elle semble non adaptée au but, parce que cette disposition contredit notre idée de la loi de la pesanteur et de la loi de l'équilibre, dérivée de celle-ci. Nous aurions l'impression qu'elle ne peut demeurer longtemps dans cette position, qu'elle doit tomber.

C'est le même effet que produit, par exemple, la tour penchée de Pise. Elle produit sur les hommes simples une impression de laideur, elle éveille la défiance et l'appréhension, c'est-à-dire des sentiments de déplaisir. Une maison dont les étages en pierres massives reposent sur un rez-de-chaussée de piliers en fer très minces, n'est pas sentie comme belle, parce que son agencement ne semble pas adapté au but. Mais quand les hommes se seront habitués pendant des siècles à l'aspect de constructions où le fer et la pierre sont employés de cette façon, le sentiment se généralisera qu'une petite quantité de fer possède une grande capacité portative, dont ne peuvent venir à bout de bien plus grandes quantités de pierre ou de bois; la vue de larges masses de pierres reposant sur de minces portants en fer n'eveillera plus l'idée de l'absurde et du non adapté au but, et l'on ne trouvera plus laides des maisons avec rez-de-chaussée en fer et étages en pierre; c'est ainsi d'ailleurs qu'aujourd'hui on ne trouve pas laid un arbre aux branches largement étalées, bien qu'il s'écarte de notre conception fondamentale de l'ob-jet fermement stable, c'est-à-dire reposant sur une large base et diminuant vers le haut; l'on sait, en effet, que le tronc, malgré son petit diamètre par rapport à l'ensemble de l'objet, est solide, et que la couronne, malgré sa grande étendue, est légère.

L'effet esthétique de l'idoine est lié à cet ins-tinct de l'homme, de vouloir comprendre les phé-nomènes et de deviner leurs lois non percep-tibles par les sens. Il ressent l'inconnu et l'incom-préhensible comme quelque chose d'hostile et d'effrayant, comme quelque chose de menaçant contre lequel il n'est pas de taille à lutter, tandis que l'évident et le rationnel lui paraissent familiers et amicaux. Voilà pourquoi ce qui est adapté au but, autre désignation pour le connu et le com-préhensible, excitera des sentiments de plaisir; et le non conforme au but, des sentiments de déplaisir.

Nous avons vu que le sublime, le charmant et l'idoine se rattachent aux conceptions fondamentales que l'homme se fait de ses rapports antithétiques, donc hostiles avec le monde extérieur, c'est-à-dire le non-moi, et stimulent l'activité de son instinct de conservation. Nous allons voir maintenant que le beau dans son sens plus restreint et le joli sont liés à l'instinct de conservation de l'espèce humaine.

On ressent comme beauté chaque impression qui, d'une façon quelconque, soit directement, soit par association d'idées, excite le centre sexuel le plus élevé du cerveau. L'archétype de toute beauté est, pour l'homme normal, la femme nubile et apte à la reproduction, c'est-à-dire jeune et saine. De celle-ci, son centre sexuel reçoit les plus puissantes excitations, et sa vue comme sa représentation lui donne les plus fortes sensations de plaisir que puisse donner une simple vue ou représentation. L'habitude, devenue organique, d'associer la vue de la femme à l'idée de la beauté et aux sentiments de plaisir provoqués par celle-ci, donne nécessairement à l'esprit humain la tendance à incarner dans la forme de la femme toute représentation abstraite sentie comme agréable ou belle. C'est pourquoi l'on symbolise sous l'aspect d'une femme les idées de patrie, de gloire, d'amitié, de pitié, de sagesse, etc. Tout cela, à vrai dire, ne devrait pas avoir lieu dans le monde des représentations de la femme. La vue et la représentation d'une personne de son propre sexe ne peut exciter en aucune façon le centre sexuel de la femme normale ; son idéal de beauté devrait donc être l'homme. Si néanmoins la femme a à peu près les mêmes conceptions de la beauté que l'homme, cela provient de ce que l'homme, en sa qualité d'organisme plus vigoureux, peut transmettre par suggestion ses propres conceptions à la femme, et se soumettre les différentes conceptions de celle-ci. D'ailleurs, la conception de beauté des deux sexes n'est en réalité qu' « approximativement », et non complètement la même, et si la femme possédait la faculté et l'habitude de s'observer exactement elle-même, d'analyser et de décrire ses états de conscience, elle aurait depuis longtemps constaté que son esthétique diffère essentiellement, en beaucoup de points, de celle de l'homme.

Le joli est ce phénomène qui, directement ou par association d'idées, se lie à la représentation de l'enfant et excite l'instinct de l'amour pour les enfants, qui se rattache directement à la conservation de l'espèce. On éprouvera donc le sentiment du joli à la vue de tout ce qui est petit, mignon, infantilement maladroit, mais particulièrement

à la vue de la reproduction sur une échelle réduite
d'objets connus qui, dans la réalité, sont d'ordinaire beaucoup plus grands. Ces réductions
éveillent l'idée qu'elles sont aux modèles réels
comme les enfants aux adultes. On peut trouver
des traces évidentes de cette manière de voir chez
les peuples primitifs et dans certaines langues peu
développées. Les Indiens croient effectivement
qu'une brouette est la fille d'un camion, et le pis-
tolet se nomme en magyare « *Kölyök-puska* »,
c'est-à-dire « petit du fusil ». Les phénomènes et
les réactions somatiques que le joli provoquent ont
la plus grande ressemblance avec ceux que fait
naître la vue de l'enfant. Les femmes trouvent le
joli à « croquer », et ont effectivement le désir
parfois irrésistible de le caresser d'une manière
caractéristiquement maternelle, c'est-à-dire de le
frôler des doigts, de le prendre dans les bras et
de le porter aux lèvres.

Certains phénomènes s'adressent, par suite des
associations d'idées étendues et variées qu'ils éveillent, en même temps à l'instinct de conservation
individuelle et de conservation de l'espèce, ainsi
qu'à diverses sous-formes de ces instincts, et sont
sentis de différentes manières comme beaux. Le
printemps en plein air est, par exemple, à la fois
beau, charmant et conforme au but. Il stimule le

centre sexuel, parce qu'il était pour l'homme primitif et pour ses ancêtres placés plus bas sur
l'échelle des organismes, l'époque de la reproduction, qu'il favorisait en apportant aux êtres vivants
une nourriture plus abondante et en leur per-
mettant une plus vigoureuse activité vitale. Il est
ensuite charmant, parce qu'il contient une quantité
grande, mais non déconcertante, de phénomènes
particuliers, agréables en eux-mêmes, et offre par
conséquent dans une unité de temps donnée une
grande quantité d'impressions sensorielles ; enfin
il est conforme au but, parce qu'il éveille l'idée de
conditions favorables pour la vie individuelle.

J'ai parlé plus haut de la différence d'esthétique
des deux sexes. Elle est la conséquence organique
du caractère et de la division du travail des sexes
dans l'humanité actuelle. L'homme représente
dans l'espèce l'individualisme, la formation particulière, par conséquent aussi, en un certain sens,
l'égoïsme, qui ne prend soin que de soi ou qui ne
prend soin des autres que quand ses propres
besoins le lui rendent inévitable ; c'est un lutteur
contre la nature et contre ses congénères, et il lui
faut, dans ses luttes pour la nourriture et pour
l'amour, constamment détourner des dangers,
vaincre des résistances, inventer des méthodes
d'attaque. Chez lui, l'instinct de la conservation

personnelle est donc particulièrement développé,
parce que cet instinct seul enseigne à éviter les
dangers et à triompher des ennemis. Aussi, les phénomènes qui se rattachent à l'instinct de la conservation agissent-ils plus fortement sur lui que sur
la femme ; il a à un plus haut degré le sentiment
et la compréhension du sublime, du charmant et
de l'idoine, que celle-ci.

La femme, elle, est la représentante des qualités
héréditaires dans l'espèce ; c'est elle qui est principalement chargée de sa conservation. Elle ne lutte
pas, est pour cette raison exposée à moins de dangers, et n'a pas besoin d'un développement particulier de l'instinct de conservation personnelle ; par
contre, l'instinct de la conservation de l'espèce est
plus fortement constitué en elle, et elle ressent plus
fortement que l'homme les impressions qui agissent
sur les représentations de la sexualité et de la mater-
nité. Elle a, en conséquence, à un plus haut degré
le sentiment du beau dans l'acception restreinte,
et notamment du joli, qui, bien plus encore que
le beau, s'adresse à un instinct spécifiquement
féminin, celui de l'amour pour les enfants.

Primitivement, le sentiment du beau n'est pro-
voqué que par des phénomènes naturels ; l'art ne
peut éveiller ce sentiment qu'autant qu'il parvient,
par les moyens dont il dispose, à évoquer la repré-

sentation de phénomènes naturels sentis comme beaux. Ses moyens sont l'imitation directe, la symbolisation et la mise en action du mécanisme de l'association d'idées par des impressions sensorielles ou par des représentations. C'est ainsi que le mot peut évoquer le sentiment du sublime, s'il amène la représentation de quelque chose de puissant, incommensurablement supérieur à l'homme, par exemple s'il décrit un être divin omnipotent, s'il montre l'action de forces immenses dans les phénomènes naturels, les batailles, les destinées humaines, etc. L'architecture donnera le sentiment du sublime, si elle établit des espaces et des masses constructives si grandioses, que le spectateur se sente, en face d'eux, aussi petit et aussi faible qu'en face d'une forêt ou d'un massif des Alpes.

L'idée de l'idoine est donnée par un produit industriel, quand celui-ci laisse, par sa forme, deviner son but et sa loi de construction, ce qu'il ne fait que lorsqu'il nous rappelle des phénomènes naturels connus dont le but nous est devenu familier par l'expérience et dont nous avons deviné la loi de production causale, toujours à l'exclusion des raisons ultimes. Les formes organiques des animaux et des plantes, les contours des cristaux et le groupement de grandes masses de matière sous l'influence des lois de la mécanique, ce sont là les phénomènes naturels connus et compris de nous, auxquels doivent ressembler les produits artificiels, pour être admis comme conformes au but et ressentis comme beaux. Aucun art particulier ne peut donner toutes les impressions esthétiques, mais seulement celles qui sont liées aux phénomènes qu'il est en état d'imiter ou de rappeler. L'architecture, par exemple, ne peut pas donner l'impression du beau au sens restreint du mot, c'est-à-dire stimuler le centre sexuel, à moins qu'elle ne recoure à la décoration sculpturale ; mais, alors, ce n'est plus l'architecture. La musique ne peut pas donner l'impression du joli, parce qu'elle n'est pas en état d'imiter les traits essentiels de l'enfant ni de les rappeler par l'association des idées, etc.

Telles sont les lignes fondamentales de l'esthétique naturelle évolutionniste, qui, on le voit, n'a besoin de faire appel à aucun élément suprasensible, pour expliquer le sentiment du beau. Et si maintenant un patient savant méthodique veut délayer en trois volumes ces idées-guides, je lui souhaite bonne chance.

IV

OPTIMISME OU PESSIMISME

On regarde les pyramides comme une des mer-
veilles du monde ; ou les jardins suspendus de
Sémiramis ; ou le colosse de Rhodes ? Je connais
une plus grande merveille, peut-être la plus ingé-
nieuse et la plus étonnante que l'esprit humain ait
produite jusqu'ici : c'est le pessimisme. Je parle
de ce pessimisme vrai, radical, érigé en conception
de l'univers, qui contemple éternellement la nature, l'humanité et la vie, comme à travers un
mal de cheveux de haute lignée descendant de
vingt-quatre nobles et illustres bocks.

Nous devons distinguer deux sortes de pessimisme sincère : le pessimisme scientifique et
le pessimisme pratique. Le pessimisme scientifique
exerce une critique térébrante à l'égard du monde
phénoménal tout entier. Le cosmos, proclame-t-il
avec conviction, est une misérable gâcherie, pas
meilleure que le premier essai malvenu d'un gâte-
métier. Son existence a-t-elle d'ailleurs un but ?
On reste là à secouer la tête devant la machine

lourde et compliquée, et l'on cherche en vain un
sens et une raison dans ses absurdes rouages. Et
si l'univers, dans son ensemble, est un pêle-mêle
déraisonnable et dépourvu de plan, ses différentes
parties obéissent-elles du moins à la logique et à
une loi ? Pas davantage. Un hasard grossier gou-
verne la nature et ce qui nous intéresse le plus en
elle, la vie humaine. Nulle moralité ne dirige la
marche des grands comme des petits événements;
le mal triomphe plus souvent que le bien ; Ahri-
man jette Ormuzd au bas de l'escalier et rit impu-
demment quand celui-ci se casse une jambe. Alors
pourquoi donc un pareil monde existe-t-il ? Pourquoi donc dure-t-il ? Ne serait-il pas plus sage et
plus moral qu'il fût repoussé dans le néant premier dont on le prétend sorti, — ce qui, du reste,
est encore à démontrer?

Mais quelle suffisance puérile et quelle présomp-
tion au fond de cette manière de penser! Elle
part de la prémisse que la conscience humaine est
la plus haute fonction de la nature, qu'elle est en
état d'embrasser tout ce qui existe, qu'il ne peut
conséquemment rien y avoir en dehors d'elle, et
que ses lois à elle doivent être aussi celles de
l'univers. Ce n'est que de ce point de vue que la
critique du phénomène cosmique est compréhensible.

En effet, si la nature est gouvernée par une conscience, semblable à celle de l'homme, elle est insensée et blâmable, car elle ne laisse pas reconnaître ses intentions, commet des sottises, est tantôt prodigue, tantôt ladre, et gère ses affaires en se préoccupant si peu du lendemain, en vivant si légèrement au jour le jour, qu'on devrait — et le plus tôt serait le mieux — la mettre sous la tutelle d'un professeur de philosophie.

Il en est de même de la révoltante immoralité de la marche de ce monde. Si un gentleman du XIXᵉ siècle, de bonne éducation, de nobles sentiments, pourvu d'un bon certificat de vie et mœurs à lui délivré par les autorités de son pays, avait eu à déterminer l'ordre du monde, celui-ci serait sûrement autre. Alors l'exemple de la vertu persécutée par le destin ne nous affligerait pas, et nous ne serions pas révoltés par les triomphes insolents du vice. Chaque fois aussi qu'un tel gentleman est appelé à imaginer un monde à son idée, par exemple à composer un roman ou une pièce de théâtre, il y fait régner la plus réconfortante moralité, et le brave public bat frénétiquement des mains à se les écorcher, lorsqu'à la dernière page ou au cinquième acte la vertu reçoit une décoration et le vice cinq ans de prison, et il se dit : « C'est ce qu'il faut ! Seulement, la vie ne le réussit pas aussi bien que notre noble poète ». Sans doute, il y a aussi parmi les auteurs d'étranges originaux qui prennent à tâche de copier la réalité sans choix ni amélioration, et dans les œuvres de ces hommes dépourvus d'imagination les choses vont réellement aussi mal que dans la vie elle-même ; Jean n'obtient pas la main de Marguerite, bien qu'il l'aime sincèrement et fidèlement, mais celle-ci lui préfère un goujat qui la rend malheureuse ; le talent va au diable, parce qu'il ne trouve pas de circonstances favorables à son développement, et monsieur le président reste président, même si toute la ville sait comment il l'est devenu. (Voir la scène bien connue de *Cabale et Amour*, de Schiller.) La morale fait là de si mauvaises affaires, qu'au dénouement elle est en banqueroute, et le public se détourne avec indignation de productions si déplorablement immorales.

C'est donc bien entendu : la nature n'a ni logique ni morale, et elle devrait ou s'amender ou s'arranger pour disparaître.

Mais, pauvre niais qui exerce cette critique, qui te dit que ta logique est autre chose que la loi qui règle la juxtaposition et la succession des processus organiques seulement dans notre propre appareil de pensée ? Où prends-tu le droit de l'ap-

pliquer à la série d'états de l'univers? N'est-il
pas possible, même tout à fait vraisemblable,
que notre logique humaine ne règle pas les phénomènes cosmiques, pas plus que la petite clef
creuse de notre montre d'ancien système n'ouvre,
par exemple, la serrure à combinaison d'un cof-
fre-fort? Les forces à l'œuvre dans notre organisme
et dans l'univers peuvent pourtant être les mêmes,
ainsi que sont les mêmes les principes mécaniques
d'après lesquels la serrure à combinaison et la
montre sont construites. Il ne s'agit ici que de la
différence entre un petit et un infiniment grand,
entre un comparativement simple et un compliqué
au plus haut degré. Rien ne nous prouve qu'il
n'y a pas dans la nature une conscience générale
dont l'envergure n'est pas saisissable à notre
étroite conscience. On peut penser au panthéisme
de Spinoza ou à la « volonté » de Schopenhauer;
le nom n'importe nullement. Une chose est certaine : nous voyons que la matière, quand elle
est groupée en forme de cerveau humain, et la
force, quand elle agit comme activité nerveuse,
donnent une conscience. Les mêmes éléments qui
forment le corps et le cerveau de l'homme, et
parmi lesquels, outre l'oxygène, l'hydrogène,
l'azote et le carbone, le fer, le phosphore, le soufre,
le calcium, le sodium, le potassium et le chlore

sont les plus importants, se trouvent en masses énormes aussi en dehors de l'organisme humain ; les forces qui produisent les faits vitaux, c'est-à-dire les influences chimiques, l'électricité et d'autres formes de force qui nous sont inconnues, paraissent actives aussi en dehors de l'organisme humain. Qui osera maintenant assurer témérairement que ces éléments et ces forces ne peuvent produire une conscience que sous la forme de tissu nerveux, que sous la forme de cerveau humain ? N'est-il pas supposable, même vraisemblable, que la forme du tissu nerveux est l'accidentel, et les éléments qui le constituent, les forces qui y agissent, l'essentiel ; que ceux-ci peuvent servir de substratum à une conscience, alors aussi qu'ils agissent les uns sur les autres d'une façon complètement différente de celle qui fonctionne dans les organismes accessibles à notre observation ?

Mais je vais plus loin et je dis : nous n'avons pas même besoin de l'hypothèse d'une conscience universelle, pour comprendre que nous ne sommes nullement en droit de mesurer les processus du cosmos avec la courte aune de la logique humaine. Pour taxer de déraisonnable le train du monde, nous devons d'abord admettre qu'il se propose une fin quelconque, qu'il s'oriente vers quelque but ;

en effet, d'un marcheur dont nous ignorons même
s'il se propose d'arriver quelque part, qui peut-
être marche simplement pour se donner du mouvement, nous ne pouvons dire qu'il choisit des
routes fausses, fait des détours, ne va pas assez
vite. Mais cette supposition d'un but est complètement arbitraire. Il est parfaitement admissible que
la finalité, tout comme la causalité, est exclusivement un phénomène lié à des processus organiques, et n'existe tout bonnement pas en dehors
de l'organisme.

L'expérience nous a enseigné qu'aucun acte de
pensée ni de volonté ne se produit dans notre
cerveau, sans être occasionné par une modifica-
tion préalable dans le système nerveux, par une
impression sensorielle; nous nous sommes donc
habitués à supposer une cause sensorielle à chacune de nos actions, à chaque processus de notre
organisme, même si cette cause n'est pas parvenue
spécialement à notre conscience, et nous généralisons cette habitude et la portons même dans
notre jugement des phénomènes qui se passent
hors de nous. Mais parce que nos organes ont
besoin d'une excitation extérieure pour être mis
en activité, parce qu'ils ne travaillent pas sans
stimulus, parce que chacune de leurs modifications a réellement une cause, parce qu'ils sont

ainsi en réalité soumis à la loi de la causalité, il
ne s'ensuit pas encore que cette loi est valable
aussi pour la matière, quand celle-ci se trouve
dans des conditions complètement différentes de
son arrangement dans notre organisme.

Admettons qu'un moulin à café soit un être
doué de conscience. Ne devrait-il pas croire
qu'une main de femme est la prémisse indispensable de chacun de ses mouvements, et qu'on ne
peut s'imaginer ceux-ci, s'ils ne sont pas opérés
par une main de femme tournant la manivelle ?
Si maintenant ce pauvre moulin à café voyait une
machine électro-dynamique qui est mise en mouvement sans qu'une main humaine intervienne,
ce phénomène lui apparaîtrait évidemment in-
croyable et inimaginable, et il chercherait vainement la causalité qui a revêtu pour lui la forme ex-
clusive d'une main de femme. Le moulin à café ne
peut sûrement qu'admettre, à son point de vue,
que, sans une main de femme, il n'y a pas de
mouvement possible ; son expérience doit l'ame-
ner à cette conviction, et il a parfaitement raison
pour tout l'ordre des moulins à café ; nous savons
néanmoins qu'il se trompe, que sa loi n'est pas
susceptible de généralisation, qu'il y a aussi des
mouvements qui ne sont pas produits par une
main de femme, n'en déplaise à certains niais

galants assez disposés à partager sur ce point les
convictions du moulin à café. Je ne perds pas
de vue que le mouvement de la machine électro-
dynamique a, lui aussi, une cause, absolument
comme celui du moulin à café ; mon exemple
est simplement destiné à montrer combien les
expériences tirées d'un ordre déterminé de faits
sont peu propres à être généralisées en lois susceptibles d'être appliquées à des faits différents.

Ce qui arrive à mon moulin à café avec la
causalité, arriverait avec la finalité à une locomotive douée de conscience. Cette locomotive saurait
que sa vapeur a pour but de faire tourner les
roues par l'intermédiaire du piston. Si elle avait
la tournure d'esprit épigrammatique ou était
amie des formules brèves, elle dirait vraisemblablement, avec quelque complaisance : « Pas de
vapeur sans rotation de roues. » Maintenant,
combien devrait s'étonner cette locomotive, si
elle se trouvait une fois par hasard en face d'un
geyser et apercevait là un énorme développement de vapeur qui ne met pas en mouvement la
moindre roue ! Cela lui paraîtrait absurde, toutes
ses idées sur le but et l'action de la vapeur seraient
renversées, et je ne serais pas étonné si ce phénomène angoissant, qui ne peut être rangé dans
aucune loi connue d'elle, lui faisait perdre la rai-

son. Il serait pourtant possible que les modifications de la matière qui ont lieu en dehors de
l'organisme, aient leur cause dans la matière
même et soient leur but à elles-mêmes, autrement dit que causalité et finalité soient simplement des qualités inhérentes à la matière, comme
les diverses formes du mouvement, et que nous
cherchions par conséquent en vain pour elles une
cause extérieure et un but extrinsèque qui suppo-
sent un rapport avec un autre groupe de matière.
En ce cas, nous ne pourrions taxer plus longtemps
la nature de sottise ; notre critique de son but ou
de son absence de but serait sans objet, et nous
devrions, pour la comprendre et la juger, pour
saisir une cause et un but de ses phénomènes,
être placés au centre même d'où se développent
ces phénomènes.

Plus « moulin à café » encore que l'accusation
de manque de but, est l'accusation d'immoralité
des processus de l'univers. Du point de vue de
notre morale, elle semble fondée, il est vrai ; mais
aussi qui donc nous donne le droit de nous placer
à ce point de vue, quand nous voulons contem-
pler la nature et la vie ? Notre morale est quelque
chose de limité dans le temps et dans l'espace ;
elle est devenue historiquement ; elle change sa
façon, comme les vêtements et les formes de cha-

peau. Elle est la morale de l'humanité chrétienne
blanche du XIXᵉ siècle, et de nulle autre. Même dans
les limites étroites où elle a au moins une valeur
théorique, elle doit se prêter à beaucoup de con-
cessions et admettre de nombreuses contradictions.
Elle blâme le meurtre comme un crime, quand il
est commis par un individu, et le vante comme
quelque chose de noble et de vertueux, quand
tout un peuple en armes le pratique en grand
contre un autre peuple ; elle qualifie vice la trom-
perie et le mensonge, et les permet pourtant dans
la diplomatie. Un grand peuple hautement cul-
tivé, celui des Etats-Unis de l'Amérique du Nord,
châtie durement le brigandage et le vol chez des
individus, mais trouve ces péchés sans conséquence, lorsque des collectivités, des villes ou des
États de l'Union s'en rendent coupables, en faisant
une banqueroute frauduleuse et en dupant leurs
créanciers. Notre morale est aujourd'hui quelque
chose de différent de ce qu'elle était dans un passé
connu, et il n'est pas irrationnel d'admettre qu'elle
sera de nouveau quelque chose de différent dans
l'avenir. Elle n'est d'ailleurs rien d'autre qu'une
définition, coulée dans la forme de lois et de règles
de mœurs, des conditions reconnues au moment
donné comme utiles à la conservation de notre
espèce. Avec le développement de l'humanité se

modifient quelques-unes des conditions de sa pros-
périté, et avec elles aussi les vues sur ce qui est
moral et immoral. Et cette mesure incertaine de
notre morale, on veut l'appliquer aux processus
cosmiques? Quelque chose qui n'avait pas de
valeur pour nos bisaïeux et n'apparaîtra peut-être
plus comme la vérité à nos petits-fils, serait la loi
immuable de l'éternelle nature? Une sotte pré-
cieuse qui se plaindrait de l'azur toujours égal du
ciel et élèverait la prétention que la couleur de
celui-ci changeât avec celle de sa toilette du jour,
pour être gentiment en harmonie avec elle, serait
tout aussi spirituelle et aussi modeste que le critique de l'univers se plaignant de l'immoralité
et de la tyrannie du train du monde.

Le point de vue égocentrique ou géocentrique
d'Aristote est, depuis Copernic, abandonné en
cosmologie. On ne croit plus et on n'enseigne plus
que notre terre est le centre du système du monde,
et l'homme le but final de la nature; que la lune
a pour destination d'éclairer nos nuits, et l'armée
des étoiles de fournir des images à nos poètes
lyriques. Mais, en philosophie, beaucoup restent
attachés à cette conception enfantine; ils taxent
le cosmos de déraison, parce que la provision de
charbon de la terre s'épuisera probablement et
que le Krakatoa a été englouti avec de nombreux

milliers d'êtres heureux de vivre ; et d'immoralité, parce que la Pucelle d'Orléans a été brûlée vive, que Gustave-Adolphe a été tué à Lützen, et que mainte mère aimante meurt en couches.

Si les bactéries de la putréfaction sont capables du penser philosophique, combien sombre doit être leur conception du monde ! Toutes les institutions de l'univers, envisagées de leur point de vue, sont cruellement et abominablement immorales, et le deviennent davantage de jour en jour. Balais et torchons, le mortel oxygène et la terrible eau chaude conspirent contre leur existence ; ce qui pourrait leur servir de nourriture est enlevé, détruit, rendu inaccessible par des forces qui leur sont invisibles. Au milieu de leur vie amoureuse la plus charmante fait souvent irruption le phénol dévastateur, qui transforme leur joyeux fourmillement en une danse macabre où la bactérie vertueuse est entraînée absolument comme la vicieuse. Mais ce qui doit leur donner lieu à un pessimisme très justifié, est présenté par nous dans d'épais volumes comme un progrès de l'hygiène, et célébré comme une conquête hautement satisfaisante !

Je me représente une mouche qui serait douée de la compréhension de l'art, et trouverait, par exemple, très jolie la petite abeille qui sert de marque à certaines pièces de vingt francs françaises; mon hypothèse n'a rien de particulièrement fantastique, car la prédilection de cet insecte pour les tableaux et les statues est douloureusement connue de toutes les ménagères amies de la propreté. Or, voilà notre diptère en question qui vole le long de la statue de la Bavaria, à Munich. Combien cette masse de métal doit lui paraître absurde, illogique, informe! Sans commencement ni fin, tantôt incompréhensiblement lisse, tantôt étrangement âpre, ici une saillie immotivée, là une anfractuosité n'obéissant à aucune loi connue. Et si la mouche esthétique avait à passer son existence dans l'intérieur de la grande statue, elle pourrait écrire, sur ce qui devrait lui sembler l'univers, un livre amèrement épigrammatique où elle démontrerait éloquemment l'absence de but et la déraison de son monde à elle, et qui convaincrait certainement toutes les bestioles qui habiteraient avec elle l'intérieur de la Bavaria. Cependant elle ne serait pas arrivée à la connaissance de la vérité, comme pourrait le lui prouver sans peine n'importe quel guide des étrangers à Munich, même modérément doué.

Non, non; la philosophie pessimiste ne peut être traitée sérieusement. Quand elle est sincère, elle semble n'être qu'une forme du profond mécontentement que nous fait éprouver la nature limitée

de notre intelligence. On voudrait saisir le mécanisme du monde, et comme on ne le peut pas, on
s'irrite et on le dénigre, ainsi qu'un sauvage naïf
jette à terre, en faisant la moue, la boîte à musique
dont il a vainement essayé de comprendre l'arran‑
gement. On se vante d'être le maître de la création,
et l'on doit se convaincre à chaque pas que le
pouvoir dont on dispose ne va pas bien loin. Alors
on conçoit de la mauvaise humeur, et l'on condense
celle-ci en un système que l'on nomme pessimisme.
L'enfant, qui étend sa main vers la lune et commence à pleurnicher parce qu'il ne peut pas
l'atteindre, est en son genre un pessimiste aussi,
sans le savoir. Seulement, on guérit facilement
son pessimisme à l'aide d'un morceau de sucre
d'orge.

Il est d'ailleurs satisfaisant de constater que
ceux qui érigent en système le pessimisme, sont
habituellement appréciateurs d'un joyeux repas et
d'une bonne bouteille ; qu'après une cour sentimentale ils prennent bravement femme dans les
formes accréditées, et ont un sens largement
développé pour tous les agréments de la vie. Leur
philosophie est un costume officiel pour les grandes
circonstances, et, comme tel, assez imposant
pour la masse des spectateurs respectueux ; mais
nous savons que la longue robe solennellement

noire ornée de fémurs croisés, recouvre des vêtements tels qu'en portent les gens du commun : le
gilet de flanelle sans prétentions, mais commode,
du joyeux Pierre et du gai Paul.

A côté du pessimisme scientifique convaincu,
qui n'exclut pas la plus grande bonne humeur
dans la vie réelle, il y a aussi un pessimisme pratique, celui des hargneux. Ce pessimisme ne rai-
sonne pas et n'argumente pas ; il n'a ni systèmes,
ni classifications ; il n'essaie même pas d'expliquer
pourquoi le monde et la vie lui déplaisent ; il
ressent sincèrement et instinctivement tout ce qui
est comme insupportable et inspirant des idées de
destruction. Un tel pessimisme ne peut être réfuté,
mais seulement analysé. Il est toujours le phénomène accompagnateur d'une affection cérébrale
qui a déjà éclaté ou n'existe encore qu'en germe.
Pendant des années, avant qu'un de ces malheureux candidats à la folie devienne aliéné déclaré,
il souffre de mélancolie, il craint le monde et hait
les hommes. Un organe de la pensée, imparfaitement développé ou victime de processus destruc-
tifs intimes, a le don effrayant d'apercevoir sa
propre déchéance, d'en observer les progrès, de
se reconnaître en voie de désorganisation. Ainsi
la conscience contemple constamment sa propre
dégradation, et ce spectacle horrible la captive si

complètement, qu'elle ne conserve plus pour les autres phénomènes qu'une faculté d'aperception faible et distraite. Dans un tel cerveau, le monde doit naturellement se refléter comme dans un œil aveuglé par la cataracte; il doit paraître comme la nuit tragique du chaos. Tous les grands poètes de la « douleur du monde » (ce que les Allemands nomment le *Weltschmerz*) étaient des organismes détraqués. Lenau mourut fou, Leopardi souffrit de certains égarements sexuels bien connus des aliénistes, Heine devint mélancolique et voilé quand la maladie de sa moelle épinière exerça son action immanquable sur son cerveau, et lord Byron avait cette excentricité de caractère que le profane nomme génialité, tandis que le psychiatre l'étiquette comme psychose. Ce pessimisme qui se tord les mains à la vue d'un couple amoureux et qui éclate en sanglots par une brillante matinée de mai, sans motifs, sans consolation, sans terme, ce pessimisme est une maladie, et nul homme sain ne songera à le partager.

Ce sont là les formes du pessimisme honnête, qui seules ont des droits à la critique. Il y a, en outre, il est vrai, aussi une manie feinte de voir tout en noir, très aimée des sots qui s'imaginent qu'elle leur sied bien. C'est un fin dilettantisme, une noblesse intellectuelle par lesquels on se distingue de la foule ordinaire. La pâleur de la pensée passe, auprès des gens dont le goût est corrompu, pour aussi intéressante que la pâleur des joues. On est amer, pour éveiller l'idée qu'on a vécu beaucoup de choses et des choses étranges, et qu'on a été le héros d'aventures corrodantes. On soupire et on gémit, pour faire croire qu'on est un membre de la petite chapelle suprêmement aristocratique, initiée aux mystères éleusiniens de la douleur. Avec les pessimistes de cette espèce, on n'a que faire de perdre son temps en des analyses ; il suffit de leur frapper sur le ventre à la mode française et de leur dire : Farceurs !

J'ai qualifié le pessimisme de merveille du monde sans seconde, et j'ai voulu dire par là qu'il représente un triomphe de l'imagination sur la réalité et un témoignage de la faculté que possède l'homme d'enserrer la nature, malgré la résistance la plus acharnée de celle-ci, dans les déguisements inventés par son caprice. De même qu'il contraint les cimes des honnêtes arbres à croître sous des formes déraisonnables d'animaux et d'architecture, qu'au moyen de pompes il force l'eau, en dépit de ses goûts les plus prononcés, à remonter sur la montagne, ainsi il déduit de faits qui devraient lui suggérer les plus belles pensées, une conception ténébreuse du monde, et porte son pessimisme dans la nature qui, par toutes les cloches de ses fleurs et par tous les gosiers de ses oiseaux, carillonne et proclame l'optimisme.

Car c'est là ce que fait la nature, et, pour l'entendre, il n'est même pas besoin d'écouter avec une attention particulière, car le son pénètre, même si l'on se bouche les oreilles avec du coton scolastique et chicanier. L'instinct primordial qui gît au fond de toutes les pensées et de toutes les actions de l'homme et qui domine sa vie entière, est l'optismisme. Toute tentative faite pour le déraciner est vaine, car il est à proprement parler la clef de voûte de notre être, et ne peut être détruit qu'avec celui-ci.

Quand on examine de tout près les plaintes principales du pessimisme, on trouve qu'elles dérivent de l'outrecuidance d'une suffisance vaniteuse, et sont comparables aux soucis que causent ses richesses à un millionnaire. Comment! On est mécontent du manque de but de l'univers, ou, plus exactement, de l'incapacité où est l'homme de lui reconnaître un but? Mais ce mécontentement même n'est-il pas une preuve du haut développement atteint par l'esprit humain, et n'avons-nous pas motif de nous réjouir de ce que nous avons acquis? Quelle santé et quelle force de la pensée ne suppose pas la question même relative à un but

final de la nature ! Quelle largeur d'horizon ne
faut-il pas pour percevoir seulement de tels problèmes ! Et à quels beaux points de vue l'homme
doit-il s'être élevé, quelles satisfactions et quelles
joies intellectuelles doit-il avoir éprouvées en
route, avant d'être parvenu à l'endroit culminant
où il se croit sérieusement autorisé et apte à assigner l'univers devant lui et à lui dire avec l'auto-
rité d'un inspecteur général : « Tu dois être construit d'après un plan. De ce plan je veux prendre
connaissance, afin d'y exercer ma critique. »

Aucun animal n'éprouve la douleur du monde,
et notre aïeul, le contemporain de l'ours des ca-
vernes, était certainement libre de tout souci
relativement à la destination de l'humanité ; quand
ce réaliste prognathe s'était consciencieusement
empiffré de nourriture, il trouvait sans doute que
sa vie avait assez de contenu, et s'il lui restait
encore un désir, on peut supposer que c'était celui
de dormir sans être dérangé. Mais, nous autres,
nous sommes devenus plus difficiles à mesure que
se développait notre angle facial, et nous avons
un tout autre idéal qu'un gras filet d'auroch.
Seulement, comme cela est naturel, notre âpreté
au gain intellectuel est d'autant plus ardente,
que nous avons entassé de plus grands capitaux,
et puisque nous sommes arrivés si merveilleuse-

ment loin, nous ne permettons plus qu'on impose de limite à notre course et à notre vol.

Il en est de même d'une autre plainte du pessimisme, celle relative à l'existence de la douleur dans le monde. Quelle vue bornée, pour ne pas dire : quelle ingratitude ! Mais, braves pessimistes, si la douleur n'existait pas, il faudrait l'inventer ! Elle est une des institutions les plus bienfaisantes et les plus utiles de la nature. Et d'abord, la douleur présuppose un système nerveux sain et hautement développé ; or, celui-ci est également la condition de toutes les sensations agréables dont pourtant on ne peut pas nier l'existence dans la vie. Les organismes inférieurs sont incapables de fortes sensations de douleur, mais nous pouvons supposer que leurs sensations de plaisir aussi sont incomparablement plus émoussées et plus ternes que les nôtres. Ce serait pourtant chose trop miraculeuse, si nous avions des sens assez fins pour nous délecter au parfum d'une rose, à une symphonie de Beethoven ou à un tableau de Léonard de Vinci, et si nous étions néanmoins insensibles à la fétidité de la putréfaction, au grincement de la lime dans les dents de la scie, et à la vue d'un ulcère cancéreux. Demandez à une malade hystérique affligée d'insensibilité d'une ou des deux moitiés du corps, si elle est contente de son état abso-

lument exempt de douleur. Le monde extérieur ne
peut lui faire mal; mais il ne peut non plus lui
envoyer d'impressions agréables, et, après une
courte expérience, elle réclame impétueusement
qu'on la rende de nouveau capable d'éprouver des
douleurs. J'ai été témoin des douzaines de fois du
cri de joie que poussait une pareille malade,
quand une piqûre d'aiguille venait de nouveau à
lui faire mal.

La douleur a le rôle que la foi du charbonnier
attribue à l'ange gardien; elle est l'avertisseur qui
nous montre le danger et nous convie à le combattre ou à le fuir. Elle est donc notre meilleure
amie, la conservatrice de notre existence et la
source de nos plus fortes sensations de plaisir. Car
la douleur nous pousse à faire effort pour réagir
contre sa cause; cet effort est lié à la plus haute
tension de nos facultés et procure l'incomparable
satisfaction attachée à l'affirmation de notre individualité. Sans la douleur, notre vie pourrait à peine
durer un instant, car nous ne saurions pas reconnaître les nocivités et nous garder contre elles.

Un réformateur du monde de grand style
objectera peut-être qu'on pourrait s'imaginer la
douleur remplacée par l'intelligence; nous n'aurions pas nécessairement besoin d'être avertis, par
une souffrance, de nous défendre contre des périls

qui nous menacent; une connaissance instinctive
indolore de ce qui nous est nuisible, remplirait le
même office. A cela il faut répondre : ou bien la
connaissance ne nous aiguillonnerait pas et ne
nous secouerait pas assez puissamment pour un
effort, et alors nous n'obéirions pas toujours et en
mesure suffisante à son invitation et serions facilement vaincus par les ennemis de notre existence;
ou bien son avertissement serait si vigoureux et
si impressif, que nous devrions absolument y
répondre par la tension extrême de nos forces, et
alors nous la ressentirions tout simplement aussi
comme une douleur, de même qu'aujourd'hui les
faits avertisseurs qui se passent dans nos nerfs
sensitifs.

Ce qu'est la douleur au physique, le mécontent-
tement l'est au moral. Quand celui-ci est assez fort
pour être ressenti comme une souffrance, il devient
un stimulant à réformer et à améliorer, par la mise
en jeu de toutes les forces, les circonstances qui
l'occasionnent. Un être heureux n'aura jamais
l'idée de regarder son entourage avec des yeux
avides de destruction ; sans contrainte, Hercule
lui-même, auquel pourtant cela ne coûte pas particulièrement, n'accomplit pas ses douze travaux;
et pour réarranger son lit, il faut qu'on y soit mal
couché. Le mécontentement est donc la cause de

tout progrès, et celui qui déplore comme un mal
son existence dans notre vie morale, devrait avoir
le courage de reconnaître immédiatement comme
son idéal la condamnation à perpétuité de l'humanité à une chinoiserie immuable.

Au reste, le mécontentement des circonstances
effectives dans lesquelles un individu ou tout un
peuple est contraint de vivre, ne peut pas même être
allégué comme preuve justifiant le pessimisme ; il
est au contraire une preuve de plus, qu'un indes-
tructible optimisme forme le fond de notre pensée.
Toute critique est, en effet, le résultat d'une com-
paraison de l'esprit entre les conditions réelles et
celles idéales qu'on s'est arrangées dans le monde
des représentations et que l'on considère comme
parfaites ; le fait qu'on formule plus ou moins
clairement une telle critique, implique au fond la
pensée tacite que les conditions ressenties comme
dignes de blâme ou insupportables sont susceptibles d'un changement en bien, et cette pensée
devra bien pourtant être qualifiée d'optimiste. Il
y a plus encore : lorsqu'on murmure sur quelque
chose d'existant, lorsqu'on pense nettement ou
que l'on pressent obscurément que les choses
pourraient devenir meilleures et comment elles le
pourraient, on a déjà réalisé potentiellement l'a-
mélioration ; la transformation est déjà accomplie

dans le monde des représentations de l'individu
mécontent, et elle a, au moins pour ce dernier,
le degré de réalité de tous les faits de notre conscience, que la connaissance du monde extérieur
engendrée par les nerfs sensoriels ne possède pas
plus que la construction d'un monde idéal meilleur
basée sur une activité combinatrice des cellules
cérébrales. C'est ainsi que chaque mécontent est
un réformateur en esprit, le créateur d'un nouveau monde existant dans sa tête et renfermant
toutes les conditions du bonheur humain ; et s'il
est exercé à l'analyse de ses propres sentiments,
il reconnaîtra sans peine que son mécontentement
des choses le mène à un grand contentement de
lui-même, et que la joie que lui occasionne le
monde idéal de sa propre création contrebalance
au moins le chagrin que lui cause le monde réel.

Et ici je donne sans hésiter à mon argument
une tournure personnelle, et je demande au philosophe pessimiste sincère s'il n'est pas très con-
tent de lui-même, quand il a réussi à présenter
d'une façon bien frappante la misérabilité et la
déraison du monde et de la vie ? Il s'élance peut-
être de son bureau et court, dans sa joie, embrasser sa femme, quand il est parvenu à donner à
telle page de son traité une noirceur particulièrement brillante ; et, son livre achevé, il en lit

volontiers un chapitre à ses amis habituels, goû-
tant à cette occasion des satisfactions intimes qui
rendraient, à elles seules, sa vie digne d'être vécue.

Ainsi l'amertume causée par la non-compréhen-
sion du mécanisme du monde et du but de celui-ci
est une preuve de haut développement de notre
penser, qui nous procure des satisfactions et des
jouissances constantes ; la douleur physique, un
témoin de la santé et de la capacité fonctionnelle
de notre système nerveux, auxquelles nous devons
toutes les sensations agréables de notre existence ;
et le mécontentement, l'occasion d'une activité
créatrice de notre imagination, qui devient pour
nous une source de profond plaisir. Qu'il y ait là
place pour le pessimisme, c'est ce que je ne puis
trouver.

Personne, je l'espère, ne se méprendra sur mes
déductions, au point de me tenir pour un disciple
du sage Pangloss. Je ne me rattache en rien à la
doctrine thomiste de ce philosophe satisfait, et ne
prétends nullement que ce monde est le meilleur
de tous les mondes. Ce que je dis est quelque
chose de tout autre. Je dis ceci : que ce monde
soit le meilleur ou le plus mauvais de tous les
mondes, ou qu'il soit un monde médiocre, l'humanité le regarde toujours et éternellement comme
un monde supportable ; l'homme a le don mer-

veilleux d'accepter les conditions naturelles qu'il ne peut absolument changer, non pas seulement avec une soumission grondeuse, mais en leur souriant, de les trouver nécessaires et agréables et de s'y complaire tellement, qu'il n'a pas même le désir de les échanger contre d'autres, même en s'en forgeant de bien meilleures. Or, cette adaptation complète n'est possible que parce que le canevas fondamental de son être, sur lequel l'expérience brode toutes sortes de tableaux mélancoliques, n'est fait que de pur optimisme.

Faut-il des exemples pour appuyer ces affirmations ? Ils se trouvent sous la main. Même le pessimiste de vocation admet la beauté de la nature et se réjouit d'une journée d'été, quand le soleil brille dans l'azur sans tache du ciel, ou d'une tiède nuit de juin éclairée par la pleine lune au milieu de myriades d'étoiles scintillantes. Eh bien : un habitant de Vénus, qui se verrait soudainement transplanté sur notre terre, se sentirait vraisemblablement comme plongé dans une solitude désolée pleine de froid et de ténèbres. Habitué à la lumière aveuglante et à la chaleur de four de sa planète natale, il gèlerait à midi sous nos tropiques et trouverait nos couleurs les plus gaies éteintes et grises, notre plus belle lumière pâle et triste. Et à un habitant de Saturne, combien ennuyeux et

mort devrait sembler l'aspect de notre ciel avec
sa lune unique, à lui qui est habitué au jeu alter-
natif inimaginablement riche de huit lunes et de
deux anneaux, d'un plus grand nombre peut-être,
dont le lever et le coucher, les positions éternellement changeantes les unes par rapport aux autres,
le mouvement compliqué, apportent dans son
horizon une richesse de modifications dont nous
ne pouvons même pas nous faire une idée nette !

Mais nous, nous n'aspirons nullement à la splen-
deur ensoleillée de Vénus et au quadrille lunaire
déconcertant de Saturne, et nous nous montrons
aussi reconnaissants de nos pauvres conditions
astronomiques, que si nous avions réellement suivi
les leçons de Pangloss. A quoi bon, d'ailleurs, aller
chercher les habitants des planètes voisines ? Il n'est
pas besoin d'excursions dans l'espace, pour prouver
l'optimisme humain. Regardons seulement vers les
contrées polaires. Là demeurent des hommes dont
la gaieté a frappé tous les explorateurs. Ils ne
peuvent rien s'imaginer de plus magnifique que
leur séjour hérissé de glaces et leur nuit éternelle,
et s'ils avaient des poètes, ceux-ci chanteraient et
célébreraient assurément les horribles déserts de
neige du Groenland avec autant de conviction que
nos poètes chantent et célèbrent un paysage rhé-
nan avec ses coteaux plantés de vignes, ses champs

de blé ondoyants, et, dans l'arrière-fond, ses forêts
sombres. Cela ouvre, remarquons-le en passant,
une perspective consolante sur la future période
glaciaire, vers laquelle se dirige la terre en vieil-
lissant, si la théorie de son refroidissement est
juste. Lorsque nous nous représentons cet avenir,
nous nous imaginons habituellement les derniers
hommes, enveloppés dans une peau de phoque,
accroupis autour d'un misérable feu fait des derniers charbons, étendant en tremblant leurs mains
amaigries vers le parcimonieux brasier, et tristes,
tristes comme un orang-outang phtisique du Jardin
des Plantes. Ce tableau est sûrement faux. Concluant des Esquimaux à nos descendants de la
période glaciaire, je suis convaincu que ceux-ci
seront les plus gais compagnons du monde. Ils
formeront des sociétés de carnaval, donneront
chaque jour des fêtes de patinage, chasseront le
froid de leurs membres par des danses infati-
gables, boiront leur huile de poisson en s'accompagnant de chants bachiques bruyants, et tien-
dront leur condition pour enviable. Quand enfin le
dernier homme mourra de froid, il aura vraisemblablement un large rire gelé sur les lèvres, et
tiendra dans ses mains glacées le dernier numéro
du *Journal amusant* de l'époque.

Un poète a dit, il est vrai, que « la vie n'est pas

le bien le plus précieux » ; mais nous pensons et
sentons comme si elle l'était. L'idée de la cessation de notre conscience, de l'anéantissement de
notre « moi », cette idée est effroyable ; la mort,
sinon la nôtre, du moins celle de nos parents, de
nos enfants, de ceux que nous aimons, nous cause
les plus poignantes douleurs que nous soyons capables de ressentir, et nous ne pouvons souhaiter
à nous-mêmes et à nos amis un bien plus précieux
qu'une longue vie. Mais qu'est-ce qu'une longue
vie ? Cent ans, cent vingt ans ; ce sont là des
chiffres extrêmes ; personne n'en désirera davantage. Un centenaire a le sentiment qu'il est digne
d'envie ; on déplore au contraire la destinée du
jeune homme qui meurt à vingt ou à vingt-cinq ans.

Eh bien ! toutes ces manières de voir qui
nous sont si familières, contre lesquelles nous ne
nous insurgeons pas et que nous ne critiquons
pas, sont le résultat de notre indéracinable optimisme. Nous nous contentons de cent années et
de moins, parce que nous connaissons à peine un
cas où ce chiffre a été dépassé. Si la durée de la
vie de l'homme était de deux cents ou de trois
cents ans, comme celle, dit-on, du corbeau,
de la carpe et de l'éléphant, il voudrait parvenir à
deux cents ou trois cents ans, et il se lamenterait
si on lui signifiait qu'il doit déjà mourir à cent

cinquante ans, quoique actuellement il ne désire
même pas vivre plus de cent ans. A l'inverse, si
l'homme était seulement organisé pour une existence de trente ou de trente-cinq années, comme
par exemple le cheval, nul homme ne désirerait
dépasser trente ou trente-cinq ans, et l'on estime-
rait aussi heureux un individu qui mourrait à cet
âge, qu'aujourd'hui on le plaint. Il y a plus. Si
l'on connaissait un exemple, un seul, d'un homme
ayant échappé à la loi impitoyable de la mort,
personne ne voudrait plus mourir; chacun espére-
rait, souhaiterait, rêverait que l'événement observé seulement une fois se renouvelât pour lui; la
grande majorité des hommes penserait à la mort,
comme, aujourd'hui, elle peut penser à une exécu-
tion chinoise par le sciage entre deux planches,
— ce serait un terrible sort exceptionnel qui
frappe quelquefois tel ou tel individu, mais auquel
on s'efforce d'échapper par tous les moyens.
Comme, cependant, on n'a jamais entendu dire
qu'un homme ait échappé à la mort, chacun se
familiarise sans difficulté particulière, et même
sans douleur spéciale, avec l'idée du trépas, et
espère seulement que celui-ci se produira très
tard. L'homme ne pourrait-il pas atteindre quelques centaines, quelques milliers d'années? Nous
ne connaissons pas de motif raisonnable qui s'y

oppose. Mais nous ne le souhaitons pas, parce que
cela n'est pas. La mort doit-elle même absolument
mettre fin à l'existence individuelle ? Cela ne
paraît pas convaincant, bien que Weismann et
Gœtte aient cherché à prouver que c'est une disposition utile à l'espèce. Cependant on s'accom-
mode du fait terrible de la mort, et cela, de nouveau, parce que nous la savons inévitable. C'est
que nous sommes si heureusement organisés, que
nous acceptons d'un cœur léger ce qui est réellement, absolument inévitable, et ne nous faisons
pas de mauvais sang à ce sujet. Cela explique,
entre autres, la possibilité de la gaieté *in extre-
mis*, de la bonne humeur de certains patients me-
nés au supplice. Il n'y a pas à la mettre en doute,
elle est attestée par des témoins dignes de foi.
Le candidat à la mort prend son parti de la corde
elle-même, quand il a la certitude qu'elle est inévitable.

Si, au contraire, subsiste la plus légère, la plus
lointaine possibilité qu'une situation puisse changer, un mal être évité, un événement heureux ap-
paraître, avec quelle irrésistibilité triomphale
éclate alors de nouveau l'optimisme primordial de
l'homme ! Une possibilité si faible, qu'aucun
homme en possession de ses sens ne hasarderait
un pari sur elle, pouvant être si faible qu'elle

échappe presque même à tout calcul de probabilité, — une pareille possibilité lui suffit encore
pour servir de base aux plus somptueux châteaux
en Espagne, et le plonge dans un état d'attente
qui avoisine la félicité.

Voici un exemple extrême de ce penchant optimiste de l'homme. On organisa un jour en France
une loterie dont le gros lot était de cinq cent
mille francs. On émit quatorze millions de billets,
dont un seul pouvait avoir la chance. Chaque
acheteur d'un billet acquérait donc un quatorze
millionnième de probabilité de gagner le gros
lot. Pour rendre sensible la valeur de cette frac-
tion, je veux citer une analogie. Il y a en
Europe environ cent mille millionnaires et vraisemblablement plus de cinq cent mille personnes
qui possèdent un demi-million. Négligeons le
demi-million, et prenons seulement les cent mille
millionnaires comme base de notre calcul. Nous
pouvons admettre que, sur dix millionnaires, il y
en a un sans enfants, sans proches parents, ou qui
est brouillé avec sa famille et est disposé à insti-
tuer légataire universel une personne avec laquelle
il noue par hasard connaissance et qui lui plaît.
L'Europe compte actuellement à peu près trois
cent trente millions d'habitants. Il y a donc sur
trente-trois mille Européens un millionnaire qui

n'attend qu'un hasard pour laisser à l'un de ces trente-trois mille individus son million ou ses millions. En réalité, les conditions sont beaucoup plus favorables encore pour un Français, un Allemand ou un Anglais, parce qu'en France, en Allemagne ou en Angleterre, les millionnaires sont plus nombreux que, par exemple, en Russie ou en Italie. La probabilité que chacun de nous, sans acheter un lot, hérite d'un millionnaire, peut être évaluée au moins à un trente-trois millième ; elle est donc quatre cent vingt-quatre fois plus grande que celle qu'avait le possesseur d'un billet de la « Loterie des Arts », de gagner le gros lot de cinq cent mille francs ; et si nous voulons borner notre ambition au demi-million, la probabilité qu'il nous échée un jour comme héritage d'un protecteur tout à fait inconnu, et qui n'est même pas un oncle d'Amérique, est même deux mille cinq cents fois plus grande que la chance de gain de l'acheteur de billets en question. Cependant, nul d'entre nous ne voudrait espérer ce million ou ce demi-million, et à plus forte raison compter sur lui. Eh bien ! il s'est trouvé dans un seul pays douze millions d'hommes qui ont payé un franc pour un quatorze millionnième de chance de gain et ont fondé sur celle-ci de sérieuses espérances, bien qu'ils y fussent autorisés quatre cent vingt-quatre ou deux mille cinq cents fois moins que chacun de nous, qui du moins ne payons rien pour notre chance d'héritage. Je crois que, au lieu de contredire à l'aide de raisons les pessimistes de vocation, on aurait dû leur envoyer chez eux, comme écrasant argument final, un billet de la « Loterie des Arts ».

Retournons le rapport. Chacun de nous fait des choses qui, avec une probabilité dépassant sensiblement un quatorze millionnième, l'exposent à un danger de mort. Sur les chemins de fer européens, par exemple, un voyageur par an est tué, sur moins de quatorze millions de voyageurs. Y a-t-il à cause de cela quelqu'un d'assez pessimiste pour renoncer à l'usage du chemin de fer ? Une probabilité d'un quatorze millionnième est évidemment insuffisante pour nous inspirer de la crainte ; mais elle est suffisante pour éveiller en nous des espérances. A une impression si faible d'idées désagréables, notre esprit reste insensible ; il est au contraire accessible à une impression pas plus forte d'idées agréables. Pourquoi ? Parce que de sa nature il est optimiste, et non pessimiste.

C'est ce que nous observons dans les plus grandes choses comme dans les plus petites. Qui de nous choisirait jamais une profession, si nous n'étions pas des optimistes obstinés ? Dans chaque carrière, ceux qui arrivent au premier rang sont les rares exceptions. Sur cinquante officiers aspirants, un seul devient général ; sur cent médecins, un seul professeur d'université ; le reste demeure dans une obscurité sans gloire, souvent dans la pauvreté, devant lutter jusqu'à son dernier jour contre toutes les amertumes de sa profession, sans en connaître un seul des côtés satisfaisants et compensateurs. Nous ne voyons pourtant, quand nous choisissons une carrière, que ce seul heureux sur les cinquante ou les cent, et non les quarante-neuf ou quatre-vingt-dix-neuf autres, et nous avons la ferme persuasion que nous serons cet heureux seul, quoique cela doive être invraisemblable au plus haut degré pour tout calculateur de sang froid.

Il en est exactement ainsi de chaque entreprise dans laquelle nous nous engageons. L'insuccès est en règle générale tout aussi possible que le succès, peut-être plus possible. Nous n'hésitons cependant pas à nous lancer dans l'entreprise, et nous le faisons, naturellement, uniquement parce que nous croyons au succès. Ce qui fait pencher le plateau, ce qui contre-balance les chiffres du calcul de la probabilité, ce qui ferme les rideaux des fenêtres donnant sur le mauvais résultat vraisemblable et suspend au mur le tableau du succès bien moins probable, c'est l'optimisme.

Bien entendu, cette observation s'applique seulement à nous-mêmes et à nos propres affaires. Quand, au contraire, nous devons conseiller un autre sur le choix d'un état, juger des perspectives de l'entreprise d'un tiers, nous apercevons nettement les obstacles et les probabilités d'insuccès, et inclinons presque toujours vers des prédictions pessimistes. Pourquoi? Parce qu'alors l'élément purement subjectif de l'optimisme ne fausse pas notre calcul froid et n'influence pas notre appréciation. Nous voyons bien les difficultés, mais non pas en même temps la force qui a le dessein, et, par conséquent aussi, l'espoir de les vaincre. Cette force est sentie par son possesseur seul, qui s'apprête à quelque action, et voilà pourquoi il juge l'issue de celle-ci tout autrement que le spectateur voyant les choses de profil et ne remarquant pas combien est large le front d'attaque que la confiance en soi et la conscience de la propre plénitude de vie aperçoivent devant elles.

C'est une chose très divertissante, de constater que même les pires sceptiques possèdent cet optimisme subjectif et le manifestent en toute circonstance, souvent inconsciemment. Des gens qui se tiennent pour des broyeurs de noir inconvertissables, ressentent du respect pour la vieillesse et de l'émotion devant l'enfance. Le vieillard éveille en eux l'idée de la sagesse et de l'expérience, le nourrisson celle d'un développement plein de promesses. Et cependant l'enfant n'est provisoirement qu'un petit animal inconscient qui se salit, crie et tourmente son entourage ; le vieillard est physiquement, aux yeux de l'observateur impartial, une désagréable image de décrépitude, moralement, un égoïsme aveugle et impitoyable n'ayant pas même la faculté de s'occuper encore d'autre chose que de lui-même; et, intellectuellement, un penser affaibli et borné dont le fond est constitué par de vieilles erreurs et de vieux préjugés, et qui reste fermé à de nouvelles idées.

Pourquoi considère-t-on néanmoins la vieillesse avec respect et pitié, l'enfance avec tendresse ? Parce que nous sommes heureux de pouvoir nous faire des illusions, et parce qu'une fin comme un début d'existence, un dernier chapitre comme un premier, nous rendent loisible de compléter à notre gré d'une façon aussi belle, aussi édifiante que possible, les fragments du roman. Au vieillard nous attribuons le passé, à l'enfance l'avenir d'un être idéal, quoiqu'il y ait cent contre un à parier que le vénérable vieillard a été, comme adolescent et homme mûr, un banal nigaud, un être ordinaire dont ni les qualités ni les défauts ne méritaient la moindre

attention, et que le touchant enfant deviendra
un fat insupportable pour le caractère, un ladre
et rance boutiquier quant à la profession, qu'il
mentira, rampera, calomniera son prochain,
comme les neuf dixièmes des gens qui grouillent
autour de nous et ne nous inspirent ni respect ni
attendrissement. Nous ne convenons des faits
désagréables que quand ils nous crèvent les yeux,
et encore pas toujours ; mais là où, comme chez
le vieillard ou l'enfant, nous avons le choix, en
l'absence de la connaissance certaine du passé
et de l'avenir, de nous représenter ceux-ci comme
beau ou comme laid, nous n'hésitons pas un
seul moment et nous improvisons, avec le vieillard
et l'enfant, des figures lumineuses de demi-dieux
qui, en réalité, ne sont autre chose que des illustra-
tions plus grandes que nature de notre profond
optimisme.

Les traditions et les contes, qui servent de revê-
tement plastique aux vues sur le monde de la
masse naïve, témoignent cent fois de l'optimisme
élémentaire irrésistible du peuple. J'ai montré
plus haut avec quelle facilité chaque individu
accepte le fait effroyable de la mort. Le peuple
va plus loin : il fait de nécessité vertu, et imagine
une histoire dont le fond est que la mort est un
bienfait, et qu'une vie éternelle serait une cala-

mité affreuse. Car c'est là clairement la morale de
la légende du Juif-Errant, qui aspire désespéré-
ment à la mort comme délivrance, mais ne peut
la trouver. Le peuple qui inventa cette légende
ne ressemble-t-il pas au renard de la fable, qui
déclare avec conviction trop verts les raisins dont
il est avide, mais qu'il ne parvient pas à atteindre?

L'immortalité est inaccessible; par conséquent,
elle est un mal tragique; et par cela nous voilà con-
solés, et le violoneux peut donner le signal de la
danse. On connaît ce beau conte du pauvre homme
auquel sa croix pesait si fort, et qui en implorait
une autre. Son ange gardien le conduisit à un
endroit où il y avait beaucoup de croix, grandes
et petites, lourdes et légères, à arêtes tranchantes
et arrondies; il les essaya à la file, aucune ne lui
allait complètement. Enfin il en trouva une qui
lui convenait encore le mieux; et voyez : c'était
sa propre croix, qu'il avait pourtant désiré changer ! Puis la plaisante histoire des trois souhaits,
où un vieux couple pauvre comme Job, auquel
un Esprit accordait l'obtention de trois prières
quelconques, ne sait pas tirer de cette chance
miraculeuse un autre profit qu'un boudin ! Sous
des formes et des tournures diverses s'exprime
toujours là l'idée que chaque homme se trouve
excellemment dans l'état où il est, qu'il aurait

tort de souhaiter autre chose que ce qu'il a, et
que sa bosse fait en réalité tout autant le bonheur
du bossu, que sa haute taille celui du tambour-
major.

La vérité est que l'optimisme, un optimisme
illimité et indéracinable, forme les vues fondamentales de l'homme, le sentiment instinctif qui
lui est naturel dans toutes les situations. Ce que
nous nommons optimisme est simplement la forme
sous laquelle notre propre force vitale, le processus vital de notre organisme arrivent à notre
conscience. L'optimisme n'est donc qu'un autre
mot pour la vitalité, une affirmation du fait de
l'existence. Nous sentons l'activité vitale dans
chaque cellule de notre « moi », une activité
féconde qui prépare, et par cela fait pressentir son
fonctionnement continu ; nous croyons donc à un
avenir, parce que nous le sentons dans les profondeurs de notre être ; nous espérons, parce que
nous avons la conscience que nous durerons
encore. C'est seulement quand cette conscience
diminue avec la force vitale elle-même, que l'es-
pérance aussi s'obscurcit et disparaît, et que la
porte lumineuse de l'avenir se ferme ; mais alors
les yeux aussi s'éteignent déjà, et ils ne peuvent
plus apercevoir le mélancolique changement. La
faculté que possède l'organisme de s'adapter aux

circonstances, faculté sans laquelle il ne pourrait
subsister, et le schéma de croissance implanté en
lui qui le pousse à parcourir un cycle de développement prédéterminé, telles sont les bases vivantes
de l'optimisme, dans lequel nous avons reconnu à
la fois un acquiescement au fait donné et un
regard plein d'espoir en avant. Vaillant effort vers
le but du développement, maintien triomphal du
« moi » contre des puissances hostiles, mouvement, progrès, espoir, vie, tout cela n'est que
synonymes d'optimisme. Le vieil auteur latin qui
a trouvé cet adage : *Dum spiro spero* (Tant que
je respire, j'espère), a brièvement résumé la philosophie de la vie et donné à une vérité biologique fondamentale la forme d'un calembour
classique.

V

SYMÉTRIE

Commençons avant tout par constater que la nature n'offre pas un seul exemple de symétrie parfaite, c'est-à-dire d'une figure produite par la répétition identique de la même figure, des deux côtés d'une ligne médiane imaginaire. Même les phénomènes naturels auxquels l'homme peut appliquer avec le moins d'efforts la loi de la symétrie : les cristaux, les fleurs, les feuilles disposées sur deux rangs, les animaux qui se développent à droite et à gauche d'un axe longitudinal, ne sont pas réellement symétriques et ne peuvent être divisés en deux ou plusieurs parties qui se superposeraient parfaitement les unes sur les autres. Tout ce que nous pouvons percevoir avec nos sens est irrégulier. Cela s'écarte plus ou moins, d'une manière toujours impossible à prévoir, du plan que l'esprit humain voudrait lui supposer ; cela s'insurge constamment, avec plus ou moins de violence, contre la loi à laquelle nous le croyons volontiers enchaîné. Aucun corps céleste n'est mathématiquement rond, aucun orbite astral ne répond exactement à sa formule théorique. Aucun visage humain n'est exactement le même à droite et à gauche, aucun oiseau n'a les deux ailes tout à fait semblables.

Cette asymétrie générale ne règne pas seulement dans les phénomènes que nous pouvons percevoir avec les yeux, mais aussi dans la disposition la plus mystérieuse et la plus intime de la matière, notamment dans ses combinaisons organiques. Le rayon lumineux est dévié, selon les angles les plus divers, de son chemin à travers les solutions de matières organiques, et cela une fois à droite, une fois à gauche, même à travers un corps en apparence de composition chimique invariable. Dans les deux cas ce fait a été interprété par Pasteur comme une preuve que les atomes sont arrangés dans les molécules selon un plan asymétrique; et le même savant en a trouvé la raison dans ce que les forces naturelles elles-mêmes qui produisent le groupement des atomes et des molécules, c'est-à-dire la chaleur, la lumière, l'électricité, l'attraction, etc., sont asymétriques. Il développe plus loin cette idée, et se risque jusqu'à l'affirmation que la vie est, en dernière analyse, asymétrie, et qu'il nous sera possible de brasser la vie dans des cornues à l'aide des éléments simples, quand nous aurons appris à nous servir des forces asymétriques.

J'avoue que ces idées me semblent plus toucher au mysticisme qu'à la chimie, à la mécanique et à la biologie. Je ne sais pas bien ce que doit me représenter une force ou une action dynamique asymétrique. Mais quelle qu'en soit la cause, le fait reste établi, que la nature ne connaît pas la symétrie. Celle-ci est une invention de l'esprit humain, à laquelle aucun modèle naturel n'a pu le conduire. Il l'a complètement puisée en lui-même. L'art a la conscience instinctive de cette circonstance, et dans ses plus hauts efforts il cherche à suivre l'asymétrie en apparence capricieuse de la nature. Chaque fois qu'il devient symétrique, il cesse d'être attrayant. La nature produit le fleuve dont le cours sinueux montre à chaque instant des lignes changeantes ; l'art crée le canal qui est la réalisation d'une formule géométrique, et qui n'offre d'une extrémité à l'autre aucun écart imprévu de sa loi figurative saisissable au bout de quelques pas. En pleine forêt, chaque pas amène une surprise, et l'on n'a qu'à tourner d'un quart de circonférence, pour éprouver une nouvelle sensation. Le jardin de Le Nôtre est comme un tapis qui montre à chaque aune carrée le même dessin, et qui, suffisamment

déroulé, doit sembler pauvre, même si la première
aune est trouvée riche. Le goût humain se délecte
à l'asymétrique, et reçoit de la symétrie une sensation de déplaisir. Il préfère de beaucoup, même
dans l'œuvre de l'homme, s'il n'est pas rétréci ou
faussé, les rapprochements asymétriques à la
nature, aux créations symétriques. Nous trouvons
la route qui serpente en replis capricieux au-dessus des montagnes et à travers les vallées, incomparablement plus belle que la sévère voie ferrée
tirée au cordeau ; le parc anglais avec sa sauvage-
rie factice, infiniment plus gracieux que les dessins du jardin français ; un papier peint de Morris
avec un enlacement de fleurs et de feuilles grim-
pant insoucieusement, plus attrayant que les papiers de dessins Louis XV ; la cathédrale gothique
dans les rosaces et les guimberges de laquelle la
fantaisie créatrice de l'artiste se donne libre carrière et où un clocheton ne ressemble pas à un
second, une découpure à une autre, infiniment
plus séductrice que le temple grec, dont une
colonne est absolument semblable à l'autre, qui
est de face comme en arrière et à gauche comme
à droite, et que l'on pourrait retourner comme
du bon drap, sans que son aspect changeât. Nous
admirons un portrait qui rend fidèlement toutes
les irrégularités d'un visage personnel, et nous

sourions avec pitié de la gravure de modes même
la mieux dessinée, avec sa tête idéale sans expression, parce qu'elle est symétrique.

Ce qui a valu à l'art japonais de si grands succès en Europe, c'est son caractère asymétrique.
Imitateur servile de la nature, il la suit dans ses
caprices apparents. Il méprise la règle d'or qu'ont
trouvée des hommes qui avaient plus de spécu-
lation que de sens de la beauté, et ne tyrannise
aucune figure humaine avec un canon qui n'est
pas le sien archipropre.

Mais puisque la symétrie n'est pas une formation
naturelle et n'est pas non plus ressentie comme
belle, il faut se demander comment l'esprit humain
a pu en concevoir l'idée et à quel besoin de celui-
ci elle répond.

La réponse est donnée par les particularités de
la pensée humaine.

Nous avons d'abord l'habitude du penser causal.
Nous pressentons, derrière les phénomènes perceptibles par les sens, un élément non sensoriel,
complètement inaccessible à l'observation directe,
que nous nommons, à notre gré, cause, raison
suffisante, loi, et auquel différents philosophes ont
donné d'autres noms; Schopenhauer, par exemple,
celui de volonté, Frohschammer, celui d'imagination, etc. Personne n'a encore perçu matérielle-

ment une cause comme telle. On n'a jamais
observé que des phénomènes qui se succédaient
sans connexion réelle. Leur rattachement au
moyen d'un lien immatériel de cause et d'effet, se
produit exclusivement par notre penser.

Nous voyons l'éclair et nous entendons le tonnerre. Nous remarquons aussi qu'en règle générale
ils se suivent. Mais que de l'éclair naisse en quelque
sorte une chaîne qui traîne après elle le tonnerre,
c'est ce que nous ne voyons ni n'entendons ; cela
ne nous est enseigné par aucun des sens qui portent à notre conscience les phénomènes de l'éclair
et du tonnerre mêmes ; c'est notre cerveau qui,
de sa propre initiative, surajoute ce lien entre ces
phénomènes.

Par l'habitude de la causalité nous sommes
même arrivés à attribuer à l'élément immatériel
non perçu du phénomène, c'est-à-dire à sa cause
présumée ou imaginée, une plus grande importance qu'au phénomène même. C'est naturel. Le
plan que nous supposons au phénomène est une
production de notre cerveau et peut être directement perçu par notre conscience sans l'intermédiaire des sens, tandis que le phénomène même se
passe hors de notre conscience et est transmis à
la conscience par les sens seulement ; or, ce que
nous créons nous-mêmes, ce qui naît en quelque

sorte sous le regard du « moi » pensant, qui est perçu sans l'intermédiaire des sens, doit sembler à ce « moi » plus réel, plus essentiel et plus vivant que le phénomène qui se passe en dehors du « moi » et qui n'est jamais parfaitement perçu. Si donc le phénomène, tel que nos sens le perçoivent et l'annoncent à notre conscience, n'est pas absolument conforme à son plan ou à sa loi, tels que notre cerveau les a conçus, nous sacrifions tranquillement le phénomène à la loi, nous faussons celui-là pour sauver celle-ci, nous en croyons plus le travail intérieur du cerveau que les sens, et nous contraignons notre aperception à s'adapter à notre invention.

Nous voyons, par exemple, un cristal, — prenons le plus simple de tous, — un hexaèdre. Trois de ses surfaces sont régulières, les trois autres ne le sont pas. Mais nous avons formé dans notre cerveau, pour ce phénomène, un plan qui implique six surfaces carrées de même dimension, douze arêtes de même longueur, et huit pointes rectangulaires à trois faces. Le cristal que nous voyons ne répond pas à ce plan imaginé par nous. Alors nous n'hésitons pas un instant à donner tort au phénomène et raison à notre conception, et nous disons : « Ce cristal a dû devenir un hexaèdre ; mais la matière est restée en arrière de la pensée. C'est à nous à venir en aide à cette matière, à lui donner la forme qu'elle voulait, mais n'a pu revêtir » ; et c'est ainsi que, dans cette production qui est un phénomène en soi et diffère complètement d'un hexaèdre, nous voyons complaisamment et avec suffisance un hexaèdre.

Nous sommes là au fond de l'atelier le plus secret de la pensée humaine, et je demande au lecteur un instant de patience, afin que nous puissions nous y retourner de plus près encore ensemble. Une condition du travail de la conscience est l'attention. Il faut entendre par là une plus vive activité de fibres nerveuses et de cellules déterminées du cerveau, activité produite par un plus abondant afflux de sang, alors que les autres fibres et cellules reçoivent moins de sang, sont plus faiblement nourries, et pour cette raison reposent complètement ou ne travaillent que mollement. Une plus forte impression des sens exerce sur les fibres et les cellules cérébrales destinées à la recueillir, une plus forte excitation, et les secoue en quelque sorte de leur état de repos ; une impression plus faible leur permet de s'engourdir plus ou moins dans leur désœuvrement. L'impression sensorielle plus forte éveille donc notre attention et arrive à notre conscience ; l'impression plus faible ne le fait pas. Nous ne percevons consciemment des phénomènes que les éléments qui excitent le plus fortement nos sens, c'est-à-dire qui éveillent notre attention.

Prenons l'exemple que j'ai cité ailleurs : celui d'un tableau à l'huile. Dans ce phénomène évidemment très compliqué, c'est l'élément optique qui excite notre sens visuel et éveille notre attention le plus fortement, qui, par conséquent, est consciemment perçu ; les autres éléments, par exemple l'odeur de l'huile, sont plus faibles ; ils ne stimulent pas suffisamment les sens qu'ils concernent, tel que l'odorat ; les centres d'aperception correspondants ne sont pas assez puissamment excités pour s'éveiller à l'attention ; la conscience n'apprend donc rien au sujet des autres éléments du phénomène « tableau à l'huile », et si elle élabore en elle la représentation du tableau à l'huile, elle reproduit seulement l'impression visuelle, tandis qu'elle néglige les aperceptions des autres sens que le tableau ne stimule pas jusqu'à l'attention. Ce que nous avons observé au sujet de l'aperception et de la représentation du tableau à l'huile, se répète au sujet de l'aperception et de la représentation de tous les autres phénomènes. En chacun d'eux un élément l'emporte, tandis que les autres éléments ont un moindre relief, et, par conséquent, excitent moins l'attention. Alors nous faisons —

toujours en vertu du même arbitraire avec lequel nous supposons aux phénomènes une cause immatérielle — de l'élément prépondérant du phénomène son élément essentiel, et nous négligeons, dans son aperception et sa représentation, les autres éléments.

Dans le cristal hexaédrique naturel resté rudimentaire, par exemple de sel gemme, l'élément de la formation hexaédrique prévaut. Quelques surfaces, arêtes et pointes plus ou moins régulières éveillent notre attention, et nous n'en conservons aucune pour les écarts de la forme hexaédrique, pour les surfaces mal formées, les arêtes défectueuses, les pointes manquantes. La conséquence en est que dans le phénomène du cristal de sel gemme irrégulier nous n'apercevons et ne représentons que son élément prépondérant, — celui de la formation hexaédrique, — alors que ses éléments d'un moindre relief, ses irrégularités, ont pourtant évidemment aussi leur dignité et leur importance propres, et sont tout aussi essentiels pour le cristal de sel gemme individuel que nous avons justement devant nous, que les parties de cristal formées conformément au plan hexaédrique supposé.

C'est que notre cerveau est un instrument incomplet. Il est ainsi construit, que toutes ses fibres et toutes ses cellules ne peuvent être en même temps suffisamment irriguées de sang, suffisamment nourries et excitées, pour atteindre le degré d'activité qui arrive à notre conscience sous forme d'attention. Une partie seule du cerveau travaille avec pleine force, tandis que l'autre se repose plus ou moins. De cette défectuosité résulte la conséquence nécessaire que nous ne pouvons être uniformément attentifs à tous les éléments d'un phénomène, les percevoir tous uniformément; nous pouvons seulement remarquer ceux qui se manifestent le plus fortement, qui excitent le plus nos sens, appellent le sang nourricier aux fibres et aux cellules cérébrales en rapport avec les sens excités, et qui par suite éveillent celles-là à l'attention. L'élément qui excite le plus nos sens nous semble contenir en lui tout le phénomène, et nous appliquons au phénomène entier le plan que nous avons supposé à ce seul élément.

Ainsi s'explique que nous avons le penchant de schématiser les phénomènes, de les ramener à une supposition simple. Qu'est-ce en effet qu'un schéma? La loi formative que nous supposons à un élément arbitrairement relevé d'un phénomène, et dans le cadre de laquelle nous voulons aussi faire entrer les autres éléments de ce phénomène, bien qu'ils s'y refusent en fait. Ce

penchant à schématiser est un défaut de notre
penser, qu'explique l'imperfection indiquée de
notre cerveau. Car du moment que nous pensons
causalement, du moment que nous imputons à
chaque phénomène sensoriellement perceptible
une prémisse non matérielle, nous devrions logiquement imputer cette prémisse, c'est-à-dire une
cause, non seulement à quelques phénomènes arbitrairement choisis, mais à tous les phénomènes.

En fait, pas un phénomène n'est exactement
pareil à un autre ; les déviations individuelles
doivent avoir tout aussi bien leur cause que les
similitudes, du moment que nous admettons que
celles-ci sont produites par une cause, par une
loi, et nous avons à supposer à un phénomène non
pas un seul plan, un seul schéma, mais cent plans,
cent schémas, un schéma pour chaque élément
qui lui est propre à lui seul et à nul autre.

Restons-en à l'exemple du cristal de sel gemme.
Si, dans la formation irrégulière que nous avons
sous les yeux, nous voulons voir un hexaèdre,
nous ne tenons compte que des parties régulières,
et nous disons : « La cause de la forme de ses parties est que le tout voulait devenir un hexaèdre. Le
schéma de cette formation est donc l'hexaèdre. »
Mais nous n'avons pas le moindre droit de négliger
les déviations du schéma; nous devons pour

ceux-ci aussi admettre une cause ; la cause qui a
rendu rudimentaires certaines surfaces et arêtes
est manifestement autre que celle qui a façonné
en manière d'hexaèdre d'autres surfaces et arêtes ;
en fait donc, la formation que nous avons sous les
yeux ne voulait pas devenir un hexaèdre régulier,
mais quelque chose de différent, de nouveau, de
dévié de la forme hexaédrique, précisément le
phénomène individuel que nous voyons, et rien
d'autre ; le schéma hexaédrique ne s'y applique
donc pas, et c'est une erreur de notre part de
croire reconnaître dans la formation un hexaèdre.
Nous commettons néanmoins cette erreur, parce
que nous sommes incapables d'accorder simulta-
nément la même attention aux irrégularités qui
nous frappent moins, qu'aux parties régulières, et
que nous ne nous sentons pas, en conséquence,
poussés à imaginer pour les unes une cause schématique comme pour les autres.

Ainsi chaque classification, chaque schématisation est une erreur ; chaque rapprochement de
phénomènes entre eux, un procédé arbitraire ;
chaque simplification du varié, un aveu de notre
incapacité de comprendre. La nature ne produit
que des individus ; nous les réunissons artificiellement en espèces, parce que nous sommes impuis-
sants à percevoir nettement, à apprécier pleinement

et à ramener à une cause individuelle tout trait
particulier à tel individu et pas à un autre. S'il y a
des causes, alors chaque phénomène n'a pas une
cause, mais cent causes, mille causes différentes,
qui se combinent une seule fois et jamais une seconde fois de cette façon ; alors chaque phénomène
est une résultante d'actions innombrables qui
toutes sont également importantes, puisque le phénomène devrait être quelque chose de différent de
ce qu'il est, si une seule de ces actions manquait
ou s'exerçait différemment ; si au contraire il n'y a
pas de causes, chaque phénomène est un hasard
indépendant et ne peut être comparé à aucun
autre phénomène, mais doit être jugé en soi et
d'une façon strictement individuelle. Voilà un
dilemme auquel nous ne pouvons échapper et
duquel il résulte logiquement que le schéma est
dans tous les cas un défaut de notre penser et qu'il
nous empêche de voir et de saisir les phénomènes
tels qu'ils sont réellement ; s'il y a des causes,
l'admission d'un plan schématique, c'est-à-dire
d'une seule cause déterminée, nous cache la
vûe de toutes les autres dont le résultat est le
phénomène individuel ; s'il n'y a pas de causes,
le plan schématique présupposé n'est qu'un rêve
qui n'a rien de commun avec le phénomène
même. Mais nous n'y pouvons rien changer, et si

nous ne voulons pas admettre que notre cerveau atteindra un degré beaucoup plus élevé de perfection organique et sera un jour capable de travailler dans toute son étendue avec une égale attention, il ne nous reste plus qu'à nous soumettre à la nécessité et à percevoir maintenant et toujours, dans les phénomènes, un trait plus distinct que les autres, à lui sacrifier les autres traits, à l'élever au rang de schéma, et à concevoir le phénomène comme la réalisation de ce schéma.

Il nous reste encore à considérer une dernière particularité du travail du penser humain. Comment s'y prend l'esprit pour imaginer le plan idéal présupposé dont il conçoit le phénomène comme la réalisation? Il emploie pour cette opération une méthode très simple ; il multiplie le trait qui a, comme le plus frappant, éveillé son attention et s'est imprimé dans sa mémoire et dans sa conscience. Il se construit donc le schéma hexaédrique du cristal de sel gemme, en multipliant les formations qui ont frappé ses yeux, c'est-à-dire les surfaces et les arêtes régulières, jusqu'à ce qu'elles complètent une figure définie dans l'espace. De la même manière, l'esprit complète des lignes courbes imparfaites en cercles réguliers définis, des formations rudimentaires de cristaux, fleurs ou feuilles, en figures schématiques, etc. L'imagination se comporte vis-à-vis les impressions des sens comme un kaléidoscope ; elle multiplie les phénomènes irréguliers en soi, de façon qu'ils donnent une figure régulière ; car la régularité n'est rien autre que la multiplication du même phénomène.

Le processus cérébral est en conséquence le suivant : un phénomène est perçu par l'intermédiaire des sens et imprimé dans la mémoire ; ce qui est perçu et retenu le plus nettement, c'est un trait frappant ou bien un trait qui en soi n'est pas particulièrement saillant, mais qui se répète ; ce dernier, à la façon dont, sur les photographies composées de Galton [1], les traits qui se répètent sur les différents visages apparaissent plus nets que ceux

(1) Les photographies composées de Galton sont, on le sait, produites de la manière suivante : des photographies de même dimension des différents membres d'une famille sont exposées successivement, pendant un laps de temps égal, devant la même plaque sensible. Les traits qui sont identiques dans plusieurs ou dans toutes les photographies individuelles, ont une action qui se répète, et par conséquent dure plus longtemps sur la plaque sensible que les traits qui apparaissent moins fréquemment, ou seulement une fois; ils sont donc plus fortement accusés sur la photographie d'ensemble. Ainsi naît un portrait moyen qui reproduit le plus nettement les traits propres à tous ou à la plupart des membres de la famille, et, au contraire, reproduit les traits propres seulement à quelques-uns ou à un seul membre de la famille, d'autant plus faiblement que ces traits se répètent moins fréquemment dans celle-ci.

qui sont des particularités individuelles de chaque visage et ne se présentent qu'une fois devant la plaque sensible. Si alors le jugement veut porter le phénomène à la conscience, se souvenir de lui, la mémoire le lui livre dans la forme sous laquelle elle l'a retenu, c'est-à-dire qu'elle donne à la conscience seulement le trait saillant ou celui qui, par sa répétition, s'est le mieux imprimé. Pour pouvoir former maintenant de ces traits individuels un phénomène complet, défini de tous les côtés, l'imagination le complète de telle sorte qu'elle multiplie les traits donnés par la mémoire; elle construit ainsi une figure kaléidoscopique, et, par suite, régulière, que le jugement, en vertu de son penchant à supposer une idée non matérielle au phénomène matériel, s'habitue à regarder comme le schéma ou le plan qui gît au fond du phénomène particulier.

Les conditions exposées de notre activité intellectuelle font comprendre comment l'homme est arrivé à inventer la symétrie. Incapable d'être attentif avec toutes les parties de son cerveau en même temps, il n'a perçu et retenu, des phénomènes, que quelques traits. Pour se rappeler plus tard ces phénomènes, il a complété, par la multiplication de ces traits particuliers, les lacunes produites par l'absence des autres traits non per-

çus, et par conséquent aussi non retenus. Quand
il les représentait artificiellement, il n'imitait pas
le véritable phénomène, mais l'image kaléidosco-
piquement régulière, consistant en multiplications
des traits perçus, qu'il en avait dans sa conscience.

Toute œuvre humaine symétrique est donc la réalisation d'une image schématique de la mémoire,
élaborée par l'imagination, de phénomènes naturels insuffisamment observés. Cette œuvre appar-
tient aux débuts de l'activité artistique humaine.
A mesure que l'homme se développe, son esprit
devient capable d'une plus grande attention ; il
perçoit plus d'éléments des phénomènes ; il en
imprime dans sa mémoire une image plus
complète ; son imagination a moins besoin
de suppléer aux parties manquantes par la multiplication de celles qu'elle possède. Ainsi il voit les
choses plus justement et plus exactement, et
quand il veut les représenter artificiellement, il
les rend d'une façon plus individuelle et moins
schématique. Plus la contemplation est superficielle et fugitive, plus est symétrique le souvenir
qu'elle laisse. Cela est vrai pour les individus
comme pour les peuples et les races. La symétrie
dans l'art, après avoir été un phénomène primitif,
réapparaît chez les nations régressives et dans
les périodes de décadence. Les périodes floris-

santes et les peuples progressifs ne se contentent pas du schéma et de la multiplication kaléidoscopique de traits particuliers, mais s'efforcent de serrer du plus près possible les particularités individuelles des phénomènes.

Le même penchant de l'esprit humain à compléter ses représentations fragmentaires par la répétition de leurs parties constitutives existant dans sa conscience, conduit aussi à d'autres phénomènes psychologiques qu'à ceux de la symétrie ; ou, pour être plus exact, il conduit à d'autres phénomènes qu'aux applications matérielles de celle-ci. Les légendes de l'empereur Frédéric Barberousse, du roi dom Sébastien de Portugal, reposent également sur le penchant de l'homme à la symétrie. Une partie de la vie de ces héros est connue du peuple et s'est imprimée dans sa mémoire ; l'autre partie, la fin, il ne l'a pas connue ou l'a oubliée ; alors, pour ne pas conserver une image incomplète de cette vie, il complète ce qui manque par la répétition de ce qui existe, et invente aux destinées des héros une continuation dans le même caractère que le commencement connu du peuple. Ces légendes sont donc des formations symétriques ; elles sont une preuve que l'homme ne limite pas à des formes visibles la schématisation des phénomènes.

Sur les esprits développés et sains, la symétrie produit un effet ennuyeux et désagréable, parce qu'elle n'excite pas à une activité intellectuelle quelque peu vive. Le jugement veut, chaque fois qu'il perçoit un phénomène, lui composer une loi de formation, lui inventer un schéma ; c'est là sans doute une défectuosité, mais à laquelle le jugement est habitué et ne renonce pas sans résistance. Le phénomène symétrique ne lui laisse aucun travail de ce genre à accomplir. Il n'y a en lui rien à deviner, rien à ajouter. Sa loi de formation ? Il l'exprime prolixement et pédantesquement. Son schéma ? Il est identique à lui, et il n'en dévie jamais. Il n'y a là aucuns traits saillants à retenir et aucune image incomplète de la mémoire à compléter par sa multiplication. Le phénomène symétrique l'a déjà fait pour nous. Il est le travail d'embarras devenu matière de notre imagination, et faisant par conséquent honte à celle-là. Mais, naturellement, les mêmes raisons qui dégoûtent de lui un esprit éveillé, le rendent agréable aux cerveaux émoussés et paresseux.

Celui qui n'a jamais observé un phénomène avec une attention suffisante pour en percevoir tous les traits ou du moins beaucoup de traits, et pour reconnaître qu'il est tout à fait particulier, seulement semblable à lui-même et à aucun autre

phénomène, celui-là retrouve dans une œuvre
humaine symétrique absolument ce qu'il a pu voir
dans la nature. Ses souvenirs sont faits de répétitions de quelques traits grossiers; dans son esprit
le monde se reflète symétriquement et schémati-
quement. C'est pour lui une satisfaction de voir
son aperception superficielle confirmée par l'objet
artistique symétrique, et il ressent cet objet
comme un hommage à sa superficialité. Aussi la
symétrie restera-t-elle toujours l'idéal de beauté
des philistins qui dorment les yeux ouverts et ont
en horreur tout trouble apporté à la sieste con-
tinue de leur cerveau. Mais celui qui n'est pas une
marmotte intellectuelle considérera le symétrique
comme une caricature de sa propre habitude de
penser défectueuse, et le bannira le plus possible
du cercle de son aperception.

VI

GÉNÉRALISATION

Nous avions, à table, devisé d'un certain peuple, et étions arrivés à émettre un large jugement sur son caractère, sur ses particularités physiques et intellectuelles. Alors l'un de nous interrompit la conversation par cette objection : « Prenons garde aux généralisations ! » Cet avis fut unanimement reconnu comme fondé, et je ne voulus pas le critiquer. Mais ce qui n'aurait pas été à sa place à table, entre amis, est permis dans le silence du cabinet.

Prenons garde aux généralisations ! Ce postulat, en théorie, est inattaquable. Il résulte de la compréhension, ou tout au moins du sentiment juste, qu'un phénomène ne peut jamais nous donner sur un autre un renseignement réel, mais seulement un renseignement apparent, et que les expériences que nous avons déduites d'un phénomène ne s'appliquent pleinement à aucun autre phénomène, antérieur ou postérieur.

Chaque phénomène existe en réalité par lui seul ;

il n'a en fait aucun lien sensoriellement perceptible avec un autre phénomène, et quand il semble
en avoir un, c'est parce que nous l'établissons
artificiellement dans notre esprit. Pour concevoir
un phénomène tel qu'il est, c'est-à-dire tel qu'il est
accessible à nos sens, pour lui rendre pleine jus-
tice, pour être sûrs que nous percevons seulement
ce qui se passe réellement devant nos sens, nous
devrions nous trouver, en face du phénomène,
entièrement impartiaux, ignorants, sans préjugés,
c'est-à-dire que nous devrions oublier ce que nous
savons au sujet de phénomènes antérieurs, que
nous devrions soigneusement éviter de mêler une
image précédemment reçue avec l'image nouvelle,
et d'ajouter aux phénomènes des traits et des rapports qui ne sont pas en lui et que nous emprun-
tons à d'autres phénomènes. Ce serait la condition
préalable indispensable pour nous approcher de la
vérité d'aussi près que notre organisation nous le
permet. Ce serait la voie pour apprendre à peu près
exactement ce qui se passe hors de notre « moi » et
pour laisser agir sur nous la réalité, au lieu de
projeter dans la réalité les processus de notre
« moi », de peupler celle-là des images bariolées
de la lanterne magique de notre penser, et de faire
pâlir par sa lumière et rendre ainsi invisible son
véritable contenu.

Cela, nous l'avons dit, est le postulat théorique ;
mais, pratiquement, il est irréalisable. Les conditions dans lesquelles seules notre appareil intellectuel imparfait peut travailler, s'y opposent. Nous
avons, dans le chapitre précédent, décomposé la
structure très compliquée de l'habitude de penser,
qui a conduit l'homme à l'invention de la symétrie. Nous avons vu comment notre esprit, qui
observe que les phénomènes se suivent toujours
les uns les autres, les rassemble en un rapport,
voit dans chacun la cause du suivant et l'effet du
précédent, et comment il arrive à se représenter
la cause comme quelque chose d'effectivement
existant, de réel, de séparé du phénomène, qui
n'est rendu sensible que partiellement et imparfaitement par le phénomène. Nous avons vu
ensuite que le jugement se construit d'images, de
souvenirs de phénomènes précédemment perçus,
cause non sensorielle qu'il se représente comme
la condition préalable nécessaire du phénomène,
et qu'il forme les images de souvenir mêmes par
la multiplication de certains traits qui ont éveillé
l'attention. La même habitude de penser conduit
nécessairement aussi à la généralisation. Car
qu'est-ce que la généralisation ? Une induction de
l'éprouvé au non encore éprouvé, du connu à l'inconnu, du passé et du présent au futur. Tout, dans

ce procédé de notre appareil de la pensée, est arbitraire et défectueux. Nous n'avons aucun droit réel de supposer que de nouveaux phénomènes auront lieu, ou que, s'ils ont lieu, ils seront semblables aux précédents.

L'avenir est inaccessible à notre expérience. Nous n'avons pas une seule preuve qu'il y aura même un avenir, que même de nouvelles expériences suivront nos expériences sensorielles. Et cependant nous ne doutons pas un seul instant que demain il y aura aussi un jour, et que ce jour sera à peu près la répétition du jour d'aujourd'hui. Comment arrivons-nous à cette certitude? Exclusivement par notre habitude de penser. Parce que jusqu'ici chaque aperception a toujours été suivie d'une nouvelle aperception, notre esprit s'est habitué à l'idée qu'il en sera et devra toujours en être ainsi, et quand il veut combler le vide de l'avenir inconnu et inconnaissable, il le meuble d'images de souvenir, c'est-à-dire de répétitions d'événements précédemment éprouvés.

> Du jour d'aujourd'hui, de la nuit d'aujourd'hui
> Ne réclame rien de plus
> Que ce que t'ont apporté le jour et la nuit d'hier,

dit Gœthe dans le *Divan oriental-occidental.* L'avis est profond, mais en réalité superflu. Car même si nous le voulions, nous ne pourrions

réclamer d'aujourd'hui, et à plus forte raison de
demain, que ce qu'hier nous a apporté ; nous ne
connaissons et ne savons rien d'autre que ce que
nous avons déjà éprouvé, et ce que nous nommons
avenir n'est qu'un reflet du passé, que, par suite
d'une illusion optique de notre penser, nous
croyons voir devant nous, tandis qu'en réalité il
est placé derrière nous.

Il est vrai que nos hypothèses arbitraires et
défectueuses se sont jusqu'ici toujours réalisées.
Si nos ancêtres comptaient sûrement qu'il y aurait
un avenir, ils ne se sont pas trompés, car une
partie de cet avenir est, depuis, devenue présent
et passé ; une série de leurs prédictions, ne reposant sur aucune aperception, est devenue expérience sensible. Les événements se produisent de
la façon dont nous les conjecturons, et le reflet
projeté des événements passés prend corps. Mais
cela ne prouve pas que nous avons raison : ce
n'était et ce n'est jamais qu'une conjecture hasar-
dée avec laquelle nous avons eu de la chance.
Nous ne pouvons produire une preuve directe sûre
et convaincante qu'à l'avenir et que toujours il en
sera ainsi.

Notre habitude intellectuelle de la généralisation, qui a sa racine dans la défectuosité organique
de l'appareil pensant, est la base de toute connais-

sance du monde, de toutes les lois naturelles.
Celles-ci ne sont pour cette raison que des illusions. Car, en réalité, nous n'avons pas la plus
légère connaissance de l'essence du phénomène cosmique, et nous ne comprenons pas une seule des
soi-disant lois naturelles. Ou peut-il être question de
compréhension, quand nous ne sommes pas même
en état de nous assurer si les phénomènes ont
une cause? S'il n'y avait pas de cause, il ne pourrait non plus y avoir de lois, mais seulement des
hasards qui se répètent nous ne savons comment.

Mais en admettant qu'il y a une cause et qu'on
peut l'exprimer sous la forme d'une loi, quelle est
cette cause et quelle est la loi qui l'indique et
montre son action? Il n'y a pas d'homme capable
de faire à cette question une réponse raisonnable.
Si cependant nous parlons de lois naturelles, c'est
là un agréable jeu de mots que nous avons imaginé pour nous tromper sur l'ennuyeux et insupportable vide de notre ignorance. Ce que nous
nommons une loi naturelle est simplement la
constatation que certains phénomènes se sont
toujours effectués ; mais cette loi n'explique pas
comment c'est arrivé, ni ne renferme la preuve
que ces mêmes phénomènes s'effectueront toujours. Nous disons : c'est une loi naturelle que
les corps s'attirent les uns les autres, et la force

d'attraction est en raison directe de la masse des corps, et en raison inverse du carré de leur distance. Cela est faux. Ce qu'il serait exact de dire, c'est ceci : on a toujours observé jusqu'ici que les corps se sont attirés les uns les autres, et cela en raison directe de leur masse et en raison inverse du carré de leur distance. La prétendue loi ne donne pas une explication du fait observé; c'est seulement une façon de l'exprimer montrant son importance. Les formules mathématiques, elles non plus, ne sont pas des explications de phénomènes mécaniques, mais seulement leur transcription dans une langue particulière. C'est ainsi que, dans Molière, Sganarelle, le soi-disant médecin, répond à Géronte, qui lui demande pourquoi sa fille est muette : « Cela vient de ce qu'elle a perdu la parole... Voilà justement ce qui fait que votre fille est muette. » Une loi est un ordre prescrivant un acte ou une absence d'acte. Les lois naturelles, c'est-à-dire ce que nous nommons ainsi, sont des faits que nous énonçons, après avoir vu que l'acte ou l'absence d'acte en question a eu lieu.

Nous trouvons naturel que les phénomènes que nous avons constamment observés se répètent toujours, et nous serions fort étonnés s'ils ne se produisaient plus et étaient remplacés par d'autres de nature différente. Cela montre de nouveau combien est déraisonnable notre habitude de penser. Si nous étions logiques, nous devrions précisément nous étonner des répétitions et trouver naturelles les déviations; nous devrions toujours être surpris de nouveau par la conformité des phénomènes aux lois, et ne rester impassibles qu'en face de l'irrégularité. Car nos sens nous enseignent que les phénomènes sont indépendants et limités chacun pour lui-même et n'ont entre eux aucun rapport perceptible; il serait alors beaucoup plus naturel et plus raisonnable que chaque phénomène occasionnât une expérience sensorielle nouvelle et spéciale, que de renouveler et d'approfondir de précédentes ¦ expériences. Chaque phénomène étant quelque chose d'individuel, comment se fait-il donc qu'il ait avec d'autres une certaine similitude ? La loi naturelle, c'est-à-dire la prétentieuse constatation du fait que les phénomènes se répètent, n'est pas leur explication, mais leur mystère.

Dans mon enfance, je pratiquais un jeu qui me semblait alors bien amusant. Voici en quoi il consistait. Moi ou l'un de mes petits camarades, nous posions sur une feuille de papier blanc des points au hasard, que l'autre unissait ensuite par des lignes, de façon à former des figures raisonnables.

Un de mes petits amis se distinguait particulièrement dans cet exercice. J'avais beau placer mes
petits points aussi malicieusement et follement que
je pouvais, tout un essaim dans un coin et rien
dans les autres, ou un tourbillon, ou une quantité
de points à distances égales, il parvenait toujours
à produire, avec ses lignes de raccordement,
quelque chose qui eût un sens : un lion, une maison, ou toute une bataille avec les épisodes les
plus étonnants. Il poussait même l'art si loin, qu'il
réunissait avec des encres de différentes couleurs
les points d'une manière différente, et en faisait
en même temps un chien rouge, une hirondelle
bleue, un balai vert, et un paysage alpin jaune.
Toute notre conception du monde n'est autre chose
que le même jeu pratiqué en grand et avec un
sérieux tragique. Les phénomènes que nous percevons avec les sens sont les points donnés. Ils ne
représentent rien de raisonnable, et ne laissent
reconnaître aucun rapport compréhensible. Ils
sont le chaos et le tumulte. Mais nous traçons
patiemment et savamment des lignes d'un point
à l'autre, et voilà qu'apparaissent des figures qui
rappellent quelque chose de connu. Ceux qui
ignorent comment cela se fait, pourraient croire
que les figures étaient données, qu'elles avaient
été déjà tracées par les points sur le papier. On

doit alors leur montrer que ce qui, des points, fait
seulement des figures, est ajouté par la main de
l'homme, et que le point était placé, énigmatique
et inexplicable, sur le papier, constituant son
propre but à lui-même, avant que la ligne le réunît
à son voisin et le fît servir de partie du contour
d'une figure ayant pris naissance dans la tête de
l'enfant qui s'amusait. La philosophie fait même
ce que faisait mon compagnon de jeux : elle réunit
avec des encres de différentes couleurs, pour en
former les figures les plus différentes, ces mêmes
points donnés, et chaque conception du monde,
chaque système donne une autre image d'ensemble
des mêmes faits d'expérience énigmatiques et
inexplicables ; pour peu même que l'on m'y force,
j'irai jusqu'à trouver chaque système et chaque
conception du monde également justifiés, c'est-à-
dire également arbitraires et subjectifs, seulement
plus ou moins jolis et adroits.

Les noms que nous avons inventés pour nos
généralisations arbitraires sonnent bien et ont
un aspect qui éveille la confiance. Nous parlons
d'hypothèses, de lois naturelles. Qu'est-ce qu'une
hypothèse ? Une ligne que nous traçons d'un point
donné, dans une direction quelconque. Qu'est-ce
qu'une loi naturelle ? Une ligne qui unit deux
points donnés et est prolongée en la même direc-

tion dans l'inconnu, dans l'infini. Un seul fait
observé nous suffit pour le généraliser en une
hypothèse qui ne peut être ni prouvée, ni réfutée,
et qui, du point central fixe, peut courir dans
toutes les directions de la rose des vents, comme
il plaît à la fantaisie du généralisateur. Deux faits
observés, entre lesquels nous percevons une similitude, sont suffisants pour les exprimer sous la
forme d'une loi qui, supposons-nous, déterminera
jusqu'à l'infini les phénomènes ultérieurs. C'est
toujours le jeu de mon enfance, l'assemblage de
points indépendants en figures significatives.

Et pourtant, inutile de regimber : nous ne pouvons nous passer de la généralisation. Nous savons
qu'elle est arbitraire et injustifiée ; nous savons
qu'elle nous illusionne, qu'elle présente comme
avenir ce qui est le passé et comme divination ce
qui est ressouvenir, qu'elle fait passer pour de l'expérience ce qui est travail de compilation de l'imagination ; notre imperfection organique ne nous en
force pas moins à nous servir incessamment d'elle,
et nous devons même reconnaître qu'elle est peut-
être la condition fondamentale de toute connaissance, qu'en tout cas elle facilite celle-ci. Toute
aperception devient plus nette pour la conscience,
quand elle se rattache à des souvenirs et les éveille.
Quand nous avons vu à plusieurs reprises un objet et

que nous avons imprimé son aspect dans notre mémoire, de façon à pouvoir nous le représenter les yeux fermés, nous n'avons besoin de le regarder que très rapidement et fugitivement, pour l'apercevoir immédiatement avec la plus grande netteté ; tandis que nous devrions voir de bien plus près et examiner beaucoup plus longtemps un autre objet qui nous serait inconnu, pour en obtenir une image approximativement aussi nette. C'est pourquoi nous lisons notre propre langue facilement et vite, et une langue étrangère et qui nous est inconnue, au contraire, beaucoup plus difficilement et plus lentement, quoiqu'elle s'offre à nos yeux avec les mêmes lettres et dans les mêmes conditions d'impression, de papier, d'éclairage et de distance de l'œil. C'est pourquoi nous reconnaissons un ami à une distance à laquelle nous pourrions à peine distinguer les traits d'un inconnu.

Wundt, dans sa *Logique*, expose excellemment ces faits, et les conçoit comme une des conditions de l'association d'idées. Nous ne recevons en effet que d'un très petit nombre de phénomènes, à notre première rencontre avec eux, une impression sensorielle nette qui suffise pour donner d'eux à la conscience une représentation bien accusée. Nous devons les percevoir à plusieurs reprises et les imprimer dans notre mémoire. Ce qu'ensuite nous voyons ou entendons d'eux, c'est beaucoup moins eux-mêmes que les images de souvenir qu'ils évoquent dans la mémoire. Cela est si vrai, que notre appareil de la pensée est très souvent exposé à toutes sortes de confusions. Nous lisons, par exemple, dans un texte français, une citation en une langue étrangère qui nous est tout à fait familière, et nous croyons aussi voir la citation en français. Il y a : *Sunt denique fines*, et je lis en idée : « Il y a une limite à tout ». Les mots latins ne sont aperçus que fugitivement par l'œil, et la conscience ne perçoit pas leur forme réelle, mais seulement l'image de souvenir de leur sens que l'impression optique a éveillée dans la mémoire.

Par ce mécanisme il s'explique que la généralisation nous facilite parfois l'aperception des phénomènes. Nous conservons d'un phénomène perçu une image dans la mémoire ; nous élaborons cette image de souvenir en un schéma ou en une loi ; si ensuite un seul bout d'un phénomène semblable émerge devant nos sens, cela suffit pour évoquer dans la conscience l'image de souvenir et nous faire percevoir tout le phénomène. Sans doute, ce procédé n'est pas uniquement une facilitation, il est aussi en même temps une source d'erreur. Car il fait que, croyant voir devant nous : « Il y a une limite à tout », tandis qu'il y a en réalité :

Sunt denique fines, nous accordons plus d'attention à notre schéma intérieur qu'au phénomène extérieur. Mais, d'un autre côté, maints phénomènes que nous percevons d'une manière défectueuse et faussée, passeraient devant nous sans être le moins du monde remarqués, si nous n'avions pas déjà d'eux dans l'esprit une image schématique.

Nous pouvons dire sans exagération : en règle générale, nous voyons seulement ce que nous avons vu et ce que nous nous attendons à voir. Aussitôt que nous avons généralisé en une hypothèse ou en une loi un phénomène qui nous a suffisamment frappés pour éveiller notre attention, il nous tombe tout à coup sous les yeux une foule de faits qui, jusque-là, sont restés complètement inaperçus. Davaine et Villemin remarquent, l'un, que dans le sang des animaux atteints du sang de rate on rencontre des organismes microscopiques, l'autre, que la tuberculose peut être transmise par les expectorations de malades. Il ne s'écoule pas dix ans, et l'on a trouvé dans quinze ou seize maladies d'animaux et d'hommes et dans une douzaine de fermentations se produisant en dehors de l'organisme, des schyzomicètes qui en sont la cause. Un médecin observe une nouvelle maladie qui n'a jamais été vue ou décrite avant lui. Au bout de quelques mois, des centaines d'autres médecins rapportent des cás de cette nouvelle maladie, qu'ils ont observés dans ce court laps de temps. Heidenhain trouve un jour qu'on peut plonger certains individus impressionnables dans un état étrange qu'il nomme hypnotisme. Quelques années après, on sait qu'à peu près un être humain sur deux est hypnotisable, et nous nous heurtons à chaque pas à des phénomènes hypnotiques. Est-ce que ceux-ci n'ont pas existé précédemment? Assurément si. Mais nous ne les avons pas aperçus. Pourquoi? Parce que nous n'en avions pas par avance une image dans l'esprit.

C'est là la valeur de la généralisation. En concluant d'un fait sensoriellement perçu à un autre que nous n'avons pas encore éprouvé, nous invoquons, effectivement ce fait. Les phénomènes foisonnent autour de nous, mais ils portent les bérêts enchantés de la fable, qui nous les rendent invisibles. Grâce à l'hypothèse, nous leur arrachons ce bérêt de la tête. La loi naturelle est un chien d'arrêt à l'aide duquel nous dépistons le phénomène rusé qui se cache. Le danger est seulement que notre chien tombe en arrêt devant un berger endormi, alors que nous poursuivons la perdrix. Cela arrive parfois même aux meilleurs chiens de chasse anglais. La plupart des hommes sont des observateurs inexacts, parce qu'ils ne sont pas capables d'un degré d'attention suffisant. Aussi ne voient-ils que ce qu'ils veulent voir. En conséquence, dès qu'une hypothèse paraît, ils construisent dans leur conscience, avec son aide, une image de phénomènes qu'ils transportent à tout ce qui leur passe devant les yeux, de sorte qu'ils ne voient plus partout que des faits qui semblent conformes à leur hypothèse.

Voici une expérience bien simple que chacun peut répéter. Tracez sur une feuille de papier ou sur une ardoise quatre lignes également accusées d'égale longueur, de façon qu'elles se coupent toutes à angle droit au centre et forment une croix latine (droite) et une croix de Saint-André (couchée). Considérez cette figure avec l'idée préconçue que vous voyez en elle l'une plutôt des deux croix, soit la droite, soit celle qui est couchée. Vous verrez effectivement la croix que vous voulez voir prendre un relief plus accusé, et l'autre qui, pourtant, est tracée avec la même netteté passer au second plan, devenir plus pâle et plus mince et se réduire à un modeste appendice de la première. Une fausse hypothèse, qui passe à l'état de mode, se crée par monceaux ses preuves et règne des années et des siècles entiers sur une solide substruction de faits soi-disant perçus par les sens, jusqu'à ce qu'apparaisse un cerveau plus fort qui, capable d'une plus grande attention, observe les phénomènes plus avec les sens qu'avec l'image de souvenir toute faite dans sa conscience, et découvre que les phénomènes ne s'accordent pas avec l'hypothèse.

Ce qui, les choses se passant ainsi, excite le plus mon étonnement, c'est que les philosophes aient pu discuter violemment pendant des siècles laquelle est préférable, de la méthode inductive ou de la méthode déductive. L'induction consisterait en ce qu'on observe les faits sans préjugé et qu'on en déduit une loi; la déduction, en ce qu'on imagine une loi dans son esprit et qu'ensuite on l'applique tant bien que mal aux faits. Bacon de Vérulam passe pour le père de l'induction, déjà pratiquée d'ailleurs par Aristote; les philosophes scolastiques du moyen âge sont regardés comme les meilleurs modèles de penseurs déductifs, et cependant l'on pourrait trouver, à vrai dire, le premier exemple de déduction scientifique dans la composition pythagoricienne du phénomène cosmique d'après des idées arithmétiques préconçues. Mais, au fond, il s'agit seulement là d'un vain jeu avec des mots qui signifient absolument la même chose. Comment arrive-t-on à une déduction, c'est-à-dire à une idée généralisante des choses ? Evidemment par une impression sensorielle des choses, quoique par une observation inexacte. Les idées les plus saugrenues qu'on se fait des phénomènes ne peuvent prendre naissance que lorsqu'on a perçu les phénomènes. Ce sont donc des inductions, rien que des inductions. Ainsi, même l'idée pythagoricienne du rôle des nombres trois, sept et dix, est déduite de l'aperception sensorielle des trois dimensions, des phases de la lune et des doigts. Et qu'est-ce que l'induction ? Le fait de déduire une notion d'une impression des sens ; l'élaboration d'un fait réellement perçu en un schéma, en une généralisation, en une représentation persistante avec lesquels l'esprit abordera désormais tous les faits semblables. Cette représentation préexistante que nous avons en nous avant d'avoir encore éprouvé la nouvelle impression sensorielle, qui est dérivée non du phénomène individuel, mais d'un autre qui l'a précédé, avec lequel il n'a en fait absolument rien de commun, c'est de la déduction, rien que de la déduction.

Laissez-moi donc tranquille avec votre jargon, car il ne signifie rien. Tout notre penser est toujours en même temps induction et déduction ; il commence par des impressions des sens et des aperceptions, c'est-à-dire par l'induction, et il procède à leur généralisation, à leur élaboration en notions désormais préexistantes, c'est-à-dire à la déduction.

L'astronome qui, en vertu de la loi de gravitation

de Newton, calcule un orbite planétaire, et le nègre
du Congo qui est persuadé que les Européens
habitent le fond de la mer et en émergent pour
venir chez lui, parce que, des vaisseaux qui
arrivent, il voit d'abord surgir à l'horizon les
pointes des mâts, puis peu à peu les parties infé-
rieures, et disparaître à l'inverse successivement
jusqu'aux pointes des mâts les vaisseaux qui s'é-
loignent, cet astronome et ce nègre du Congo pra-
tiquent absolument la même activité intellectuelle
à la fois inductive et déductive. Tous deux observent
des phénomènes et en tirent une hypothèse. Tous
deux ajoutent aux faits sensoriellement perçus des
traits qui en réalité ne leur sont pas propres, qu'ils
n'y ont pas réellement perçus, qui n'existent que
dans leur imagination. Nous disons, il est vrai : l'astronome a raison et le nègre du Congo a tort. Mais
quel est notre critérium ? L'hypothèse avec laquelle
travaille l'astronome répond à tous les faits que
nous connaissons, celle du nègre du Congo n'y
répond pas. Si ce dernier savait que l'Européen
est absolument constitué comme lui-même et ne
peut vivre au fond de la mer ; s'il savait ensuite
que la terre est ronde et que sa courbure lui enlève
peu à peu la vue du vaisseau qui s'éloigne ; ou
enfin, s'il était venu lui-même une fois en Europe,
il comprendrait qu'il se trompe et il trouverait une

autre hypothèse pour le phénomène de la disparition graduelle des vaisseaux de bas en haut et de leur apparition graduelle de haut en bas. Et qui sait si l'hypothèse de l'astronome ne nous suffit, c'est-à-dire nous paraît vraie, uniquement que parce que nous ne connaissons pas les faits qui la contredisent ? Qui sait si nous ne devrions pas l'abandonner, au cas où notre connaissance des faits viendrait à s'élargir ? Qui sait si, un jour, des gens mieux renseignés ne souriront pas de toutes nos hypothèses actuelles, comme nous sourions, aujourd'hui, de celle du nègre du Congo, bien qu'elle soit imaginée en vertu de la même méthode que celle de la force d'attraction, bien qu'elle repose également sur l'observation d'un phénomène sensoriellement perceptible, à savoir l'enfoncement dans la mer des vaisseaux qui partent et l'émersion hors de celle-ci des vaisseaux qui arrivent, bien qu'elle soit par conséquent une réelle induction ?

La méthode de penser est la même chez tous les hommes, chez les nègres du Congo et même chez ceux de l'Australie comme chez un professeur de sciences d'une université. La seule chose qui constitue une différence entre eux, c'est la quantité des faits qui leur sont connus, et la capacité de l'observation exacte, c'est-à-dire de l'attention qui, à son

tour, est l'expression de plus ou moins de développement du cerveau. Plus nous sommes capables
d'attention, et plus exactement nous percevrons
les phénomènes ; plus nous connaissons de faits,
et plus facilement nous éviterons de leur prêter
des traits dont l'inexactitude et l'impossibilité sont
prouvées par d'autres faits. Mais tous nous avons
une tendance à généraliser le phénomène isolé
perçu par nous, à le rattacher à d'autres auxquels
ne le réunit aucun rapport sensoriellement perceptible, et à y ajouter des traits qui ne se trouvent pas en eux. Cette habitude de la pensée,
conséquence de notre imperfection organique, est
la source de toutes nos erreurs. Si nous laissions
les phénomènes agir sur nos sens, sans aller au-
devant d'eux avec des images de souvenir préexistantes d'autres phénomènes précédents, plus ou
moins superficiellement semblables à eux, nous
pourrions être ignorants, mais non nous tromper ;
nous pourrions ne pas voir ou imparfaitement
percevoir des faits, mais non les interpréter faussement ; nous aurions dans notre conscience peut-
être peu de représentations, mais pas d'inexactes.
L'erreur en effet n'est jamais l'aperception, mais
l'interprétation ; or, celle-ci est ce qui n'existe
pas dans le phénomène, mais ce que nous y ajou-
tons de notre propre cru ; ce que non les sens

communiquent au cerveau, mais ce que le cerveau fait accroire aux sens. Nous tenons cependant à notre habitude de pensée défectueuse, car elle nous donne un sentiment agréable de richesse intellectuelle, en remplissant notre conscience d'une foule de représentations qui ne laissent deviner, par aucun trait natif, si elles sont exactes ou inexactes, si ce sont des ombres ou des réalités.

Un Irlandais, que tout son village connaissait comme mendiant, entra un jour dans une auberge et se fit servir un rôti de porc et beaucoup de whisky. L'hôtelier lui ayant exprimé son étonnement de cette magnificence, Paddy répondit fièrement : « Un homme qui a environ 2,500 francs de revenu annuel peut se permettre cela. — Comment? Tu aurais 2,500 francs de revenu annuel? — Certainement. Un monsieur anglais dont j'ai porté la valise au chemin de fer m'a donné cinq shellings (6 fr. 25), et cinq shellings par jour font environ 2,500 francs par an. »

Chaque fois que nous généralisons une aperception, nous imitons le Paddy de cette anecdote, et il se pourrait bien que notre richesse en connaissance eût la même valeur que les 2,500 francs de revenu annuel de cet Irlandais à la fois inductif et déductif.

VII

OÙ EST LA VÉRITÉ

Je me trouvai assis par hasard un soir, dans un salon, auprès d'une dame de « la haute finance ». La nécessité voulant que je causasse avec elle, je devais naturellement parler des choses qui pouvaient l'intéresser. Nous ne tardâmes pas à en arriver à son dernier voyage aux eaux, et elle raconta avec enthousiasme combien elle s'était plu à Trouville, où, dans la journée, elle avait exhibé des toilettes stupéfiantes, et passé les nuits au casino à jouer au baccara.

La dame m'ayant terriblement agacé par son sot caquetage, je me risquai à lui demander si elle ne pouvait pas s'imaginer qu'on pût mieux employer son existence.

« — Non, répondit-elle sur un ton très décidé ; quand on fait ce qui vous donne un plein et entier plaisir, on a fait ce qu'il faut faire.

« — Et ne pensez-vous pas, hasardai-je encore, qu'il faut un peu plaindre les gens auxquels l'exhibition de toilettes et les nuits passées au baccara causent un plein et entier plaisir ? »

La remarque était à coup sûr impertinente. Je reçus cette aigre réponse :

« — Mon Dieu, tout le monde ne peut pourtant pas écrire des livres !

« — C'est juste. Mais écrire des livres, n'est-ce-pas là peut-être une occupation plus digne et plus haute que d'étaler des toilettes et de jouer au baccara ?

« — Absolument pas. L'un ne vaut pas plus que l'autre. Cela amuse les uns, ceci les autres. Je ne vois pas de différence.

« — La majorité des hommes n'est pourtant peut-être pas de cet avis.

« — Cela n'est nullement certain, et du reste je ne m'en préoccupe pas non plus. Dans *mon* monde, on pense assurément comme moi, et les autres gens me sont indifférents.

« — Mais les hommes les meilleurs et les plus considérables placent pourtant les occupations intellectuelles au-dessus du jeu et des futilités, et l'homme de lettres est plus considéré dans l'État et dans la société que le joueur de baccara et l'exhibiteur de toilettes brillantes.

« — Vous trouvez ? dit-elle avec une intonation inimitable. Je n'ai jamais remarqué cela. Par-

tout où je suis allée, ceux que vous nommez les
joueurs de baccara et les exhibiteurs de toilettes
brillantes, ont toujours été l'objet de plus d'attention et d'estime que les faiseurs de livres. »

J'étais battu à plate couture, autant qu'on peut
l'être, et n'avais plus qu'à convenir de ma défaite.
Il y avait donc là deux opinions opposées en présence, et chacune se croyait sincèrement la seule
juste, aucune ne pouvait parvenir à déplacer
l'autre. Pour l'une de ces convictions, les raisons
de l'autre n'existaient simplement pas, et aucune
des raisons ne possédait en soi un caractère irrésistible d'exactitude et de valeur absolues qui pût
contraindre chaque intelligence humaine à la concevoir comme vérité, et à sentir comme une erreur
tout ce qui la contredisait.

Je connais une dame qui est laide et même affligée d'un défaut physique (elle est légèrement bos-
sue), et dont l'intelligence reste en arrière de
plusieurs longueurs de tête d'oie sur celle d'un
barbet quelque peu doué. Mais elle aime la société
des hommes et sait provoquer leur amabilité par
des avances intrépides. On remarque naturellement tout de suite que les compliments lui sont
agréables et qu'elle peut les supporter quel que
soit leur calibre ; et comme les compliments aujourd'hui sont encore à meilleur prix que les

mûres au temps de Falstaff, on lui en fait autant qu'elle veut. Cette dame approche maintenant de la quarantaine, et elle n'a encore eu dans son existence que des moments heureux. Elle est fermement convaincue qu'elle est la plus belle, la plus spirituelle et la plus gracieuse incarnation de la féminité ; que chaque homme qui l'aperçoit en devient aussitôt éperdument amoureux ; que son infirmité même augmente son irrésistibilité. Tous les hommes le lui disent, parce qu'elle réclame qu'on le lui dise, et elle le croit. Elle n'a jamais entendu un avis dissident. Si les femmes ne partagent pas à son égard l'enthousiasme et l'admiration des hommes, cela ne la trouble nullement dans sa satisfaction d'elle-même ; car les femmes sont ses ennemies, parce qu'elles l'envient. Personne ne lui dévoilera jamais que tous les hommes, pendant toute sa vie, ont ri à ses dépens, et sur son lit de mort elle se dira : « Ma vie a été un seul triomphe, incomparable et sans fin, et avec moi meurt la femme que tous les contemporains mâles ont déclarée la plus belle, la plus spirituelle et la plus gracieuse de sa génération. » Cela lui semblera la vérité pleine et absolue, et rien ne soulèvera en elle le plus léger doute si elle n'a pas été tout de même la victime d'une illusion.

En février 1881 quelques jeunes gens de Paris,

rédacteurs d'une feuille de chou, eurent l'idée de vouloir faire parler d'eux. Ils décidèrent d'organiser pour Victor Hugo une « apothéose nationale ». Ils commencèrent par former entre eux un « comité de la fête de Victor Hugo » et à en nommer membres, naturellement sans leur en demander l'autorisation à l'avance, de nombreuses personnalités véritablement éminentes. L'imposante liste des noms parut dans tous les journaux. Ceux-ci n'osèrent pas repousser les notes-réclame dont, à partir de ce moment, ils furent inondés chaque jour pendant quatre semaines ; car qui voudrait se laisser dire qu'il n'est pas patriote et n'a pas de cœur pour une gloire nationale ? On fit accroire au public qu'il s'agissait d'une manifestation dont la pensée était née spontanément dans cent mille têtes ; les autorités furent forcées de prendre part aux préparatifs ; le mouvement entraîna même à l'étranger des gens naïfs ou avides de réclame, qui profitèrent de l'occasion pour voir leur nom imprimé dans les journaux parisiens. Au jour fixé, la grande manifestation eut lieu, quinze mille personnes environ défilèrent devant la maison de Victor Hugo ; parmi elles, il y avait à peu près deux mille camelots qui vendaient des médailles, des brochures, des pièces de vers et autres objets analogues, et visaient à une petite affaire ; envi-

ron dix mille curieux qui se payaient gratuitement
le spectacle, et dont pas la moitié, à coup sûr,
n'avait lu un seul volume des œuvres de Victor
Hugo ; enfin, peut-être trois mille âmes naïves et
convaincues, qui s'étaient réellement laissé suggérer un semblant d'enthousiasme. Le lendemain
on lisait dans tous les journaux parisiens que
cinq cent mille personnes avaient salué avec des
transports de joie Victor Hugo, que Paris avait été
témoin d'une fête unique dans les annales du
monde, et que toute l'humanité civilisée s'était
unie à la France pour préparer au plus grand
poète du siècle un triomphe qu'aucun mortel
n'avait encore eu en partage. Les feuilles étran-
gères reproduisirent cela, la légende se répandit
sur tout le globe terrestre et passe aujourd'hui en
tous lieux, même à Paris, pour un fait incontes-
table. Les futurs historiens de la civilisation l'enre-
gistreront, et, en dépit des recherches les plus
obstinées dans les sources contemporaines, ne
trouveront rien de nature à leur faire douter que
tout s'est réellement passé comme l'a raconté la
presse des deux mondes.

Ainsi en est-il de la vérité, quand il s'agit d'un
événement qui s'est déroulé en présence de nombreux milliers de témoins oculaires.

Mais en va-t-il mieux pour nous avec d'autres

faits moins fugitifs ? Que savons-nous de toutes les conditions naturelles au milieu desquelles nous vivons ? Les faits en apparence les plus simples sont incertains, les lois qui passent pour les plus solides et les mieux fondées chancellent dangereusement sous le pied des chercheurs ; les gens demi-cultivés seuls, qui reçoivent crédulement et sans défiance leurs connaissances de la main de compilateurs et de vulgarisateurs inexacts, croient posséder des vérités certaines et inattaquables ; mais les vrais savants, qui puisent les faits à la source de l'observation même, savent qu'il n'y en a peut-être pas un de si certain, qu'on ne puisse avoir sur lui deux avis différents.

Nous parlons couramment — et souvent avec une grande complaisance — de la distance de la terre au soleil, même de la terre à Sirius, et nous ne savons pas même en réalité quelle est la distance de l'observatoire de Washington à celui de Capstadt. Les calculs faits par les plus grands astronomes du temps présent, à l'aide des instruments les plus accomplis et des méthodes les mieux éprouvées, diffèrent entre eux de plus d'un mille anglais ou d'environ un dix-millième de la distance totale. La durée exacte de la journée astronomique, c'est-à-dire la durée réelle de la rotation de notre terre sur son axe, est douteuse, de même que la position exacte de cet axe, c'est-à-dire son inclinaison sur l'orbite de la terre. Les indications sur le degré de chaleur du soleil varient entre deux cents et vingt mille degrés, et un savant aussi considérable que William Herschel a pu émettre la théorie que le noyau du soleil est solide et sa surface habitée par des êtres vivants.

Les sciences n'ont donc pas réussi jusqu'ici à serrer de tout près la vérité, et à plus forte raison à la saisir sûrement. Et pourtant, elles se trouvent en face de phénomènes qui se renouvellent incessamment devant nos yeux, qui, autant que nous pouvons le percevoir, ne se modifient pas, qui attendent patiemment que l'homme les poursuive, les atteigne, les emprisonne dans des appareils, les saisisse avec des tenailles, les tâte avec les doigts et des outils, les retourne, les vide, les examine de dehors et en dedans, et entreprenne en un mot avec eux tout ce qui lui semble nécessaire et utile. Que dire maintenant des sciences historiques, qui ont l'audace de trouver la vérité d'événements passés depuis bien longtemps et dont il ne leur est resté entre les mains et sous les yeux qu'une trace à demi effacée dans le sable profond, ou un écho indistinct, ou moins encore ?

Je ne veux pas être injuste à l'égard des sciences historiques. Elles occupent dans l'encyclopédie des

sciences une place curieuse et unique, car, à l'opposé de toutes les autres, elles ne travaillent pas
à l'aide de généralisations et ne connaissent ni
hypothèses ni lois naturelles. Elles sont les seules
qui remplissent le postulat de la connaissance
exposée dans le chapitre précédent : elles cherchent
à saisir et à représenter le phénomène tel qu'il a
été véritablement perçu par les sens, et évitent
avec le plus grand soin d'y ajouter des traits
extra-sensibles qui ne sont pas en lui. Le phénomène est ce qui est réellement donné, et son
interprétation, sa généralisation, son rattachement à d'autres phénomènes contemporains, antérieurs ou postérieurs, sa dérivation de causes
qui lui sont extérieures, sa réduction à des lois,
sont ce qui est arbitrairement ajouté ; d'autre
part, la perception sensorielle du phénomène peut
seule conduire à la connaissance, mais chaque
supposition, addition, etc., expose à l'erreur ; l'histoire se propose de fixer seulement le phénomène,
d'éviter par principe toute addition et de s'abs-
tenir le plus possible de la conjecture ; elle serait
donc réellement la science la plus sûre, celle qui
renferme le plus de vérité et le moins d'erreurs,
qui contient la plus grande somme de phénomènes
objectifs et la plus petite somme de travail d'imagination subjectif. Contrairement aux mathéma-

tiques, qui peuvent facilement être subjectivement
vraies, parce qu'elles ne sont autre chose qu'une
forme du penser humain et ne s'occupent pas de
faits extérieurs perçus sensoriellement, mais de
faits de la conscience même qui sont perçus sans
l'intermédiaire des sens, — contrairement aux
mathématiques, dis-je, qui sont la science la plus
vraie subjectivement, l'histoire serait la plus
vraie objectivement, parce qu'elle a pour objet
non le possible, le vraisemblable ou ce qui nous
semble le nécessaire, mais le réel, l'advenu, parce
que sa matière n'est pas une supposition subjective,
mais un phénomène objectif. Oui, serait !...
L'histoire serait tout cela, si l'appareil du penser
humain n'était pas l'outil imparfait qu'il est. Contre
cette imperfection elle échoue, et rend sans issue
ses efforts d'arriver jusqu'à l'événement objectif.

L'histoire veut représenter les faits tels qu'ils se
sont réellement passés ; cependant, au meilleur
cas, elle ne peut que déterminer comment ceux-ci
ont été perçus. Mais les conditions dans lesquelles
notre cerveau travaille font que les aperceptions
des événements ne peuvent être identiques aux
événements eux-mêmes. Car, ou ceux-ci sont
insignifiants, et alors ils n'éveillent point l'attention, ne sont pas nettement perçus, ne parviennent
pas à la conscience, ne laissent aucune image de

souvenir claire ; ou ils sont importants, et alors
déjà leurs premières phases éveillent un si haut
degré d'attention, que la force nerveuse est bientôt épuisée, que le cerveau perd sa capacité d'aperception, et que les phases ultérieures de l'événement glissent devant les témoins comme un rêve
confus.

De là vient, par exemple, qu'aucun acteur d'un
grand événement, d'une bataille, d'un atten-
tat de conspirateurs, d'une scène parlementaire
violente, ne conserve une image exacte du fait du
commencement à la fin. Mille témoins que l'on
entendrait donneraient mille versions diverses,
qui différeraient étrangement précisément sur les
points les plus importants. Seul un appareil photographique qui, animé d'un mouvement d'hor-
logerie, présenterait chaque seconde une plaque
fraîche à l'événement et en prendrait une série
ininterrompue d'images instantanées, pourrait
du moins retenir d'une manière sûre l'aspect
optique de celui-ci. Notre organisme n'est pas une
machine de ce genre. Nous ne possédons pas une
série sans fin de plaques photographiques toujours
fraîches, mais seulement une provision très limitée
de celles-ci. Cette provision est-elle épuisée, nous
restons en face de l'événement comme une chambre
noire vide, et nous devons nous reposer avant de

pouvoir préparer de nouvelles plaques. Voilà
pourquoi les acteurs des événements sont les moins
sûrs observateurs de ceux-ci, pourquoi tous les
témoignages ne sont vrais que subjectivement,
pourquoi la science historique ne conserve aucun
moyen de rétablir après coup, avec l'aide des per-
ceptions humaines subjectives, la vérité absolue
objective des événements.

Bien entendu, l'histoire dont j'ai parlé jusqu'ici
est l'histoire sincère qui ne fait que raconter et n'a
nullement la prétention d'expliquer aussi. C'est
l'histoire des chroniqueurs, qui enregistrent candi-
dement que le 1er du mois il a plu, que le 2 a eu
lieu une bataille, et que le 3 on a élu un nouveau
pape. Mais ce point de vue primitif, qui rendait possible, du moins théoriquement, de saisir la vérité
et d'éviter l'erreur, n'est plus celui des historiens
actuels. Ceux-ci ne veulent pas seulement raconter,
ils veulent aussi expliquer. L'histoire non plus,
naturellement, ne pouvait échapper à l'habitude
qu'a le penser humain d'ajouter des traits non sensoriels aux phénomènes sensoriels, de leur supposer des lois et de les faire procéder de causes, bref,
au jeu consistant à réunir des points en figures par
des lignes arbitraires ; ses plus hardis fidèles voudraient déjà en faire une science physique, c'est-à-
dire schématiser sa matière comme celle-ci schéma-

tise les phénomènes naturels. Ils voudraient ramener à des lois naturelles générales les événements
dont l'humanité a été le théâtre, trouver pour eux
des hypothèses et des formules, et à l'aide de celles-
ci prédire les événements futurs, comme nous nous
faisons forts de prédire, avec l'aide de formules,
d'hypothèses et de lois scientifiques, que demain
le soleil se lèvera, et qu'au prochain printemps les
arbres seront en fleurs. Ils sont aussi dans leur
droit. Il n'y a aucune raison pour traiter les événements humains autrement que tous les autres
phénomènes de l'univers. L'homme, l'humanité
ne sont-ils pas une partie constitutive de ce tout,
aussi bien que le rocher de quartz, le météore, le
palmier? Une pensée ou une action humaines ne
sont-elles pas aussi bien des faits organiques que
la digestion et la reproduction, la migration des
oiseaux ou le sommeil hivernal des rongeurs? La
pensée ou l'action ne sont-elles pas un fait dynamique aussi bien que la chute d'un objet libre ou
la rotation de la lune autour de la terre? Si nous
élevons la prétention de ne pas simplement décrire
ces faits organiques et dynamiques, mais de les
schématiser et de les lier en figures compréhensibles par un lien non sensoriel d'hypothèses et de
lois, pourquoi ne pas appliquer la même méthode
aux pensées et aux actions humaines? Nous le faisons

donc aussi, mais en même temps nous quittons le
terrain sûr du donné et du sensoriel, et nous nous
envolons dans l'extra- et le supra-sensible. C'est de
cette façon seulement que l'histoire devient ration-
nelle, c'est-à-dire répond à notre habitude de
penser, qui, nous l'avons vu, est une conséquence inévitable de notre imperfection organique ; mais, de cette façon aussi, elle devient en
même temps le théâtre de toutes les erreurs subjectives de notre appareil intellectuel, car tout
événement n'a qu'une seule forme sensoriellement
perceptible, tandis que le nombre des hypothèses
non sensorielles que l'esprit humain peut lui supposer, est illimité, ce qui rend également illimité
le nombre des erreurs possibles.

Une école historique explique les événements
par les hommes qui y prennent part. Elle accorde
aux influences extérieures tout au plus le rôle
d'une impulsion, et transporte les mobiles et les
forces motrices des actions historiques dans l'âme
des personnalités dirigeantes d'une époque. Dans
cette manière de voir, la science historique devient
de la psychologie, et l'historiographie de la biogra-
phie. On peut alors s'imaginer l'humanité comme
presque détachée de la nature, et faire abstraction
de toutes les influences que les forces naturelles gé
nérales et les modifications d'équilibre de celles-ci

ont pu exercer sur les peuples et sur les hommes, comme elles les exercent sur tous les autres organismes. Alors on est autorisé à écrire une histoire anecdotique et à faire dépendre la chute de grands empires de la digestion d'un chef d'armée. Les beaux yeux d'Hélène occasionnent la guerre de Troie. Les Français sont défaits à Sedan parce que le général Wimpffen s'était brouillé à Alger, en 1869, avec le maréchal Mac-Mahon à cause de la présence, à une vente de charité organisée par la femme de celui-ci, d'une personne douteuse, maîtresse du premier ; la comédie de Scribe, *Le verre d'eau*, contient la véritable explication des raisons pour lesquelles la guerre de la succession d'Espagne s'est passée de telle façon, et pas de telle autre. Si l'on fait encore un pas de plus et si l'on admet, avec Wundt, que la force qui agit dans la conscience humaine et élabore des représentations, prend des résolutions, etc., est indéterminée, c'est-à-dire n'est pas mise en activité par une impulsion extérieure et en rapport direct avec la force de cette impulsion, alors le dernier rapport entre l'homme et les forces agissant en dehors de lui, est rompu ; une histoire résolument psychologique, qui se place au point de vue de Wundt, peut représenter chaque événement comme la manifestation nullement préparée, ni subordonnée à

aucun élément étranger, d'un processus psychique
accidentel et arbitraire de quelque personnalité
puissante.

Une autre école historique que, contrairement à
celle que je viens de nommer psychologique, je
qualifierai de scientifique, voit dans les événements
l'action de lois physiques générales. D'après elle,
un peuple fait la guerre parce qu'il a faim, et non
parce que son roi ou son chef a des caprices. L'individu isolé perd son influence et disparaît dans le
mouvement de la masse. Il croit pousser, et est
poussé. Les noms propres cessent d'avoir de la
valeur et de l'importance, et peuvent être rayés de
l'histoire. Les peuples agissent et souffrent comme
les arbres fleurissent au printemps et perdent leurs
feuilles en automne; dans les événements historiques s'expriment des lois cosmiques, et les des-
tins des empires ne sont pas réglés dans le boudoir
d'une jolie femme ou dans le cabinet d'un ministre
de génie, mais littéralement dans les étoiles. L'as-
trologie reçoit une justification imprévue, non
comme elle a été pratiquée en fait, mais comme
théorie, comme pressentiment du véritable rapport des choses, et nous n'avons plus le droit de
sourire quand le peuple, à l'aspect d'une comète,
éprouve la préoccupation qu'elle apporte la guerre.
N'a-t-on pas cru remarquer que l'apparition des

taches du soleil coïncide avec les grandes crises
commerciales ! Naturellement, on ne s'imagine pas
que les taches du soleil modifient directement le
prix-courant des marchandises du gros commerce
ou suppriment *toute envie d'acheter*; on ne doute
pas que l'effet soit beaucoup plus indirect; seulement, on ne connaît pas les anneaux intermé-
diaires de la chaîne, on ne connaît que le commencement et le bout final de celle-ci. Pourquoi
ne serait-il pas alors concevable que les phénomènes astronomiques, les faits qui se passent dans
le soleil, dans le système planétaire, dans l'espace
cosmique, amènent en dernière ligne des états de
trouble chez les hommes, des guerres, des révolu-
tions, des époques de progrès et de stagnation?

On n'a pas besoin de s'en tenir si exclusivement
à l'un ou à l'autre point de vue, on peut poser
un pied sur chacun et dire que les forces physiques
générales sont, en effet, dans les événements historiques comme dans tous les autres phénomènes,
le ressort moteur, mais que la direction leur est
donnée par des individualités exceptionnelles.
Alors la personnalité rentre partiellement dans ses
droits traditionnels; sans doute, elle ne fait pas
l'histoire, comme un poète puise des drames dans
son imagination, mais elle conduit les peuples
comme un mécanicien conduit un train de chemin

de fer sur le rail donné, faisant courir plus vite ou plus lentement ou arrêter la locomotive à son gré. Le génie est alors un grand expérimentateur de l'humanité; il ne crée pas, il est vrai, plus ses hauts faits que, par exemple, Harvey ne crée la circulation du sang, mais il trouve les lois mécaniques qui agissent sur les peuples, et il les éprouve en les employant. Alors, d'autre part, il serait incompréhensible aussi que « le monde puisse être gouverné avec une petite somme de sagesse », car le gouvernement du monde serait réglé par les lois physiques, et les gouvernants apparents n'auraient simplement qu'à ne pas les troubler.

Voilà trois hypothèses. Toutes trois sont également plausibles et également arbitraires; aucune des trois ne peut être ni réfutée ni démontrée. Toutes trois ne peuvent être à la fois vraies, mais toutes trois peuvent être fausses. Quelle confiance peut-on alors avoir en une science qui repose nécessairement sur une des trois hypothèses, c'est-à-dire, en tout cas, possiblement sur une fausse? Alors un terrible dilemme s'impose de nouveau à nous. Ou l'histoire est purement objective et enregistre seulement les événements tels qu'ils se sont déroulés, et alors elle devient sans objet, parce qu'il lui est impossible de rétablir les événements dans leur réalité objective; ou elle devient subjective et hypothétique, cherche à expliquer et à assigner des causes qui ne forment pas un élément sensoriellement perceptible des événements, et alors elle n'offre plus aucune garantie de vérité et peut très bien être d'un bout à l'autre un tissu d'erreurs individuelles.

Comme moyen d'approcher de la vérité, on considère l'analyse du phénomène. Ce moyen est-il sûr? On peut fortement en douter. L'analyse ne conduit peut-être pas à l'essence du phénomène, mais elle le détruit sûrement.

Prenons des exemples tout platement compréhensibles. J'ai devant moi un homme en uniforme de soldat. Je n'éprouve pas la moindre hésitation et j'affirme aussitôt : c'est un soldat. Maintenant je commence l'analyse de ce phénomène. Je le dépouille de l'uniforme. Qu'ai-je encore devant moi? Non plus un phénomène nettement caractérisé et différencié, mais quelque chose de plus indistinct et de plus général, un homme de la race blanche. Si je lui enlève la peau, il est simplement un homme, et on ne le distinguera que difficilement d'un nègre ou d'un indien. Si je pousse encore plus loin l'analyse et soumets au microscope un morceau de muscle, je ne puis plus que dire que l'objet était un animal, mais j'ignore qu'il a été un homme, et un blanc, et un soldat. Si je décompose enfin le muscle dans ses parties chimiques constitutives, il ne me reste du phénomène rien de caractéristique ni d'essentiel, et je ne puis plus que dire encore qu'il était composé de matières qui existent dans notre système planétaire. C'est ainsi que je suis heureusement parvenu, grâce à une analyse inexorable et toujours poussée plus loin, à ne faire d'un soldat distinct et compréhensible, qui ne pouvait être confondu avec rien d'autre, qu'un peu d'oxygène, de carbone, etc., qui pourrait aussi bien provenir d'une nébuleuse cosmique que d'un cigare de la Havane.

Toutes les qualités des objets que nous percevons avec nos sens, sont des mouvements. Ceux qui n'alternent pas moins de 16 fois et demi et pas plus de 16.896 fois par seconde, nous les comptons avec les nerfs auditifs et les percevons comme sons; ceux qui se répètent entre 395 et 765 billions de fois par seconde, sont comptés avec les nerfs visuels et éprouvés comme lumière et couleur. Pour les mouvements entre 16.896 et 395 billions, au-dessous de 16 et demi et au-dessus de 765 billions, nous n'avons pas d'organe de numération, et par conséquent de perception. La perception d'un phénomène n'est donc autre chose que la numération de mouvements; ainsi, tous les phénomènes sont iden-

tiques qualitativement et différents seulement par
la quantité. Voilà le résultat d'une analyse poussée
très loin. Fort bien. Le beau et le laid, le clair et
l'obscur, le gai et l'affligeant sont donc la même
chose, simplement un mouvement, un mouvement
plus lent ou plus rapide. Mais comment se fait-il
alors que ces différents mouvements qui sont
tout à fait la même chose, je les ressente d'une
façon différente, que l'un me soit agréable, l'autre
désagréable, que celui-ci me cause de la satisfaction, celui-là de la peine ? Ici je suis de nouveau aussi avancé qu'avec l'analyse du soldat
jusque dans ses éléments chimiques simples. J'ai
sacrifié le phénomène distinct, compréhensible,
différent de tous les autres, et n'ai pourtant pas
obtenu en échange de connaître son essence.

De telles expériences nous rendent défiants et
nous amènent à supposer que nous avons dès le
début faussement posé le problème. Nous cherchons des choses, et détruisons l'apparence de
celles-ci. Mais est-ce que l'apparence n'est pas
l'essence même, et, en analysant, n'agissons-nous
pas comme l'enfant qui, curieux de savoir ce que
renferme l'oignon, en arrache une pelure après
l'autre, et qui, après avoir jeté la dernière, n'a
plus rien dans la main ? Cela n'est pas nier « la
chose en soi », mais, au lieu de la transporter

dans la profondeur mystérieuse et inaccessible du phénomène, la placer à la surface de celui-ci et l'identifier avec lui. Nous cherchons en outre la vérité objective, absolue. Et qui nous dit que notre point de départ n'est pas une erreur ? D'où savons-nous qu'il y a une vérité objective, absolue ? Comment cela serait-il, si l'inconnu qui cause nos impressions des sens ne devient un phénomène saisissable que dans notre organisme, et n'existe nullement comme tel hors de notre conscience ?

On admet aujourd'hui généralement que les phénomènes hors de notre organisme n'ont ni couleurs, ni sons, ni odeurs, ni chaleur, ni froid, mais que ces qualités leur sont ajoutées dans notre organisme. Ceci ne pourrait-il pas être appliqué à tout l'ensemble du phénomène ? Alors celui-ci prendrait sa forme humainement compréhensible seulement dans l'organisme ; il n'y aurait pas de vérité objective et absolue, mais seulement une vérité subjective qui, en ce cas, ne pourrait être la même pour deux hommes, que si l'organisme était identique ; alors toute tentative en vue de trouver une vérité objective serait complètement sans espoir, et nous serions plus que jamais condamnés à chercher toute connaissance exclusivement dans notre propre conscience, et non en dehors d'elle.

.A ces hauteurs de la pensée, il fait froid. J'ai
le frisson. Nous descendrons, au volume suivant : *Paradoxes sociologiques*, dans des régions
moins élevées, où nous nous rapprocherons davantage de la mêlée humaine, platement pratique, mais au milieu de laquelle il fait du moins
agréablement chaud.

TABLE DES MATIÈRES

———

ÉVREUX, IMPRIMERIE DE CHARLES HÉRISSEY

www.ingramcontent.com/pod-product-compliance
Lightning Source LLC
Chambersburg PA
CBHW072236270326
41930CB00010B/2153